인문학, 인간다움을 말하다

인문학,
인간다움을 말하다

정의가 사라진 시대, 참된 인간다움을 다시 묻다

송용구 지음

평단

사상의 나침반을 통하여 '인간다움'의 여행길로

지난 세기를 돌아볼까요? 협력과 상생 같은 인간의 '본질적 가치'를 위해서 자본과 기술을 선용善用하지 못하고 우리는 인간다운 '가치'의 길을 역행해왔다는 생각이 듭니다. 자본과 기술이 가져다주는 경제성과 편익성을 최종의 목표로 지향하면서 황금의 소돔성城과 기술의 바벨탑을 향해 직선적으로 질주하는 맹목의 대열을 점점 더 두텁게 형성해온 것이 우리의 인생이었다고 반성해봅니다. 이 대열에서 이탈하지 않는 한, 소설《변신》의 주인공 그레고르 잠자의 인생처럼 우리의 가족과 이웃과 지인이 '돈 버는 기계'로 변질하는 비인간적 비극은 점점 더 늘어갈 것으로 보입니다.

'돈 버는 인공지능'처럼 이용당하다가 회사와 가정의 금고를 채우는 기능을 더 이상 발휘하지 못하면 녹슨 쇠붙이처럼 폐기처분되는 현대인들! 결코 '나'와 무관한 문제라고 단정 지을 수 없습니다. 자본도, 기술도, 지식도, 권력도, 명예도 '인간'을 위해서 사용되어야 하지 않을까요? 인간의 생명, 인간의 존엄성, 인간의 인격, 인간의 인권, 인간의 자유, 인간의 행복, 인간의 상생, 인간의 평화, 인간의 사랑, 인간의 발전을 위해서 돈과 기계들을 선한 수단으로 활용할 때에 인간은 '자연'과도 화목해지고, 또 인간의 세상은 조금 더 인간다운 삶의 터전을 향해 나아갈 수 있지 않을까요?

세월호 참사와 윤 일병 사망 사건의 슬픔이 채 가시기도 전에 우리 사회는 연일 참혹한 죽음의 비보들을 접하고 있습니다. 옥시 가습기 살균제로 인한 연쇄적 피해 사례들이 속속 드러나서 시민들을 경악시키고, 어린 자녀에 대한 아동학대 치사 사건과 부모에 대한 패륜 살인이 끊이지 않아 충격과 분노의 강도가 높아지고 있습니다. 또한 한국 사회의 구조적 모순과 안전망의 구멍으로 인해 도미노처럼 빈발하는 '묻지마 살인'의 죄악들이 인간의 법을 비웃기라도 하듯 곳곳에서 재현되고 있습니다. 어디 그뿐인가요? 공직자가 아닌 민간 여성의 국정 개입 사건에서 비롯된 정치윤리와 기업윤리의 동반 몰락은 국민을 충격의 도가니로 몰아넣었습니다.

이렇게 기괴하고 비인간적인 사건들을 유발한 원인은 가깝게는 우리 사회의 구조와 시스템에서 찾아야 하겠지만, 근본적으로는 추락한 인간성과 전도된 가치관에서 찾아야 하지 않을까요? 지금은 그 어느 때보다 '인간'을 마주 보고 따뜻한 관심의 촛불을 켜는 시간이 필요합니다. 인간 상호 간에 대화의 꽃밭을 가꾸고 소통의 마당을 더욱 넓혀가려는 의지를 모아야 합니다. 관심과 대화와 소통의 부재는 관계의 단절로 이어지게 마련입니다. 관계의 파행은 요즘 우리가 매스미디어를 통해 끊임없이 목격하는 불행의 불씨를 낳습니다.

　장관들과 비서관들을 무조건적 복종의 대상으로 여기는 대통령은 두 번 다시 '파란 기와집'의 입주자가 되지 않기를 고대해 봅니다. 밤이 깊도록 집무실의 회의 테이블에 앉아서 차 한 잔으로 마른 목을 축이며 공직자들과 얼굴을 맞대고 국민의 행복과 발전을 위해 노심초사의 멍에를 그들과 함께 메는 대통령이 '파란 기와집'에 세 들어 살기를 소망해봅니다. 시인 신동엽의 〈산문시 1〉에서 그려지는 풍경처럼 "자전거"를 타고 "시인의 집에 놀러 가서" 막걸리 한 잔 기울이며 국민의 살림과 고충에 관해 시인의 조언을 듣는 대통령을 기다려 봅니다.

　철학자 마르틴 하이데거가 '시인 중의 시인'이라고 예찬했던 독일 시인 프리드리히 횔덜린은 그의 소설 《히페리온》에서 "사제는 보여도 인간이 보이질 않는다"고 '궁핍한 시대'의 현실을 한탄한 바 있습니다. 그렇습니다. 지금은 눈을 씻고 종교계를 바라보아도 인간다운 인정의 향기를 풍기는 사제를 찾기 힘듭니다. 입으로는 신神의 '사랑'과 석가의 '자비'를 외치면서도 생각은 물질 만능주의와 권력 지상주의에 빠져 세속적 욕망을 쫓아가는 사제들이 갈수록 늘어만 갑니다. 교회의 목사, 성당의 신부, 절寺의 선승이 신의 사랑과 석가의 자비를 손과 발과 몸으로 베푸는 '인간다운' 사제의 길을 걸어가기를 소망해 봅니다. 진실한 도움과 아낌없는 보살핌을 바라는 이웃들의 가슴이 점점 더 차가워지기 전에 말입니다.

회사를 이끄는 CEO가 매출액의 그래프 눈금을 높이는 기계의 부품처럼 사원들을 취급하는 것이 아니라 《제3의 물결》에서 앨빈 토플러가 말한 것처럼 "그들의 말에 귀를 잘 기울이고" 대화를 통해 "모든 일을 합의하에 진행하는" 파트너로 끌어안는 협력과 조화의 CEO로 거듭나기를 기다려 봅니다.

일상생활에서 만나는 한 사람, 한 사람을 사업의 수단이나 용무의 도구로서만 대하는 습관이 우리의 인생과 결별하기를 기다려봅니다. 상대방을 존엄성을 가진 인격체로 진지하게 존중하는 언어가 우리의 인격 속에 살아가기를 갈망해봅니다.

《인문학 편지》를 발간한 지 3년 만에 필자의 두 번째 인문학 저서 《인문학, 인간다움을 말하다》가 독자 여러분을 찾아갑니다. 이 책은 앞에서 필자가 말한 '인간다운 인간의 길'로 독자 여러분을 안내하는 가이드가 되리라 기대합니다. 젊은 시절부터 지금까지 필자의 정신적 동반자이며 스승이 되어준 이마누엘 칸트, 라인홀드 니부어, 마르틴 부버, 마르틴 하이데거, 카를 야스퍼스, 알베르 카뮈, 아널드 토인비, 머레이 북친 그리고 사도 바울! 그들의 사상을 '휴머니즘의 나침반'으로 삼아 세르반테스의 '돈키호테'와 함께 펄 벅의 '대지' 위를 걸어가면서 '인간다움'의 여행길에 합류해보실 것을 권유합니다.

2016년 12월 30일
송용구

제6장
불의의 도전에 맞서는 인간의 응전
아널드 토인비의 눈으로 읽는 헤르만 헤세의 〈아벨의 죽음에 관한 노래〉

제7장
인간은 생태계의 지킴이이다
머레이 북친의 눈으로 읽는 레이첼 카슨의 《침묵의 봄》

제8장
모든 것을 포용하는 인간의 사랑
바울과 요한의 눈으로 읽는 칼릴 지브란의 《예언자》

부록

제1장
가장 중요한 목적은 인간이다

이마누엘 칸트와 토머스 모어의 눈으로 읽는 이상의 《날개》

■ 《도덕 형이상학을 위한 기초 놓기》와 《날개》

칸트가 말하는 '인간'

독일 계몽주의 시대의 비판 정신을 대표함과 동시에 독일 고전 철학의 출발점을 이루는 철학자 칸트.《순수이성비판》,《실천이상비판》,《판단력비판》등 비판철학의 정수를 선보인 그가 말하는 '인간'이란 무엇인가?

이마누엘 칸트
(Immanuel Kant, 1724~1804)

세상의 모든 수단은
'인간'이라는 목적을 위해 사용되어야 합니다.
일상의 모든 도구는
'인간다움'이라는 목적을 위해 기능해야 합니다.
인간은 그 어떤 명분으로도
부속물이나 소모품이 될 수는 없습니다.
인간은 최고의 목적이기 때문입니다.

01

자연과 함께 멍에를 짊어진 인간

"날개야 다시 돋아라.

날자. 날자. 날자. 한 번만 더 날자꾸나.

한 번만 더 날아보자꾸나."

— 이상의 《날개》 중에서

1936년 9월, 문예지 〈조광朝光〉 11호에 발표된 소설 《날개》의 마지막 문장입니다. 이 소설을 쓴 이상李箱(본명 김해경)은 〈오감도烏瞰圖〉라는 시 작품으로 널리 알려진 시인이기도 합니다.

"13인의 아해(아이)가 도로로 질주하오. / (길은 막다른 골목이 적당하오.) / 제1의 아해(아이)가 무섭다고 그리오. / 제2의 아해도 무섭

경성고교 재학시절 교내 화실에서 회화 작업 중인 이상. 훗날 건축학을 전공한 이상은 어린 시절부터 유독 그림 그리기를 좋아했다. 회화와 건축을 통해 자유로운 상상의 날개를 펼치면서 아방가르드의 경향이 자라나지 않았을까?

이상의 절친한 친구인 화가 구본웅이 그린 작품 〈친구의 초상〉. 이상의 모습이 담긴 이 작품에서 반항적으로 세상을 응시하는 이상의 작가적 풍모가 재현되었다.

다고 그리오. / 제3의 아해도 무섭다고 그리오……."01

시 〈오감도〉의 앞부분입니다. 1934년 7월 24일 〈조선중앙일보〉에 연재되기 시작하여 당시에 평론가들과 독자들로부터 비난의 뭇매를 맞았던 작품입니다. 원래 2,000여 편 중 30편을 선별해서 연재할 계획이었지만, 신문사에 연일 빗발치는 항의로 15회를 넘기지 못한 채 연재가 중단되었다고 합니다.

띄어쓰기를 무시하는 것은 기본이었고 문법을 전면적으로 파괴할 뿐만 아니라 기호와 숫자가 문자의 역할을 하였으니 독자들이 눈에 쌍심지를 켜고 분노의 불화살을 쏘아댄 것도 어느 정도는 이해할만합니다.02 독자들이 대부분 전통적 서정시에만 익숙해져 있었고 〈오감도〉처럼 실험적인 작품을 단 한 번도 구경한 적이 없었으니까요.

시 〈오감도〉는 난해시難解詩의 대명사로 알

01 이상, 《오감도》 (한국대표명시선 100), 시인생각, 2013, 11쪽.
02 오선민, 〈고전 인물로 다시 읽기〉(29) '오감도' 이상, 〈서울신문〉 2011년 10월 24일 제21면. 참조

려져 있습니다. 의미를 해석하기 어려운 만큼 자유로운 해석의 매력도 얻을 수 있는 작품입니다. 기존의 체제와 질서로부터 인간의 자유를 무한히 해방하는 의미도 느껴지고, '진리'처럼 떠받들었던 절대적 가치를 부정하는 의미도 보입니다. 인간이 추구해왔던 모든 의미의 체계를 해체하려는 전위적 시도라고 말할 수도 있겠습니다.

혹시 '아방가르드Avantgarde'라는 이름을 들어 보셨나요? 우리말로는 '전위예술'이라고 옮길 수 있겠습니다. 20세기 초에 스위스 취리히의 '카바레 볼테르'에서 시작된 '다다이즘Dadaism'이라는 예술운동이 아방가르드의 적절한 모델입니다. 아방가르드는 기존의 예술로부터 물려받은 모든 관념과 형식을 전복시킨 혁명적 예술입니다. 아방가르드는 모든 이데올로기의 틀 속에 구속되었던 인간의 언어를 해방하여 언어의 독자성과 독립성을 실현하려는 창조적 문학입니다.

이상의 시와 문학은 한국 문단에서 아방가르드의 출발점 혹은 전위예술의 지표 역할을 했습니다. 1920년대 이후의 수많은 후배 작가들이 이상의 정신과 언어로부터 큰 영향을 받아 기성 문학의 전통적 관념을 해체하고 낡은 형식을 파괴하면서 새로운 문학의 집을 건설하려는 창조적 실험의 길을 걸어왔으니 말입니다. 시 〈오감도〉를 어떻게 해석하든지 그 의미에 대한 논란은 일단 접어놓더라도 작가 이상은 문학의 전통적 테마와 표현방식을 거부하고 문학의 몸에 '현대성'의 옷을 입힌 선구자로 기억될 것입니다.

문학평론가 김주현은 작가 이상에 대해 "작가적 치열성을 통해 실험적이고 창조적인 글쓰기를 하여 우리의 모더니즘 문학을 개척했을 뿐만 아니라 모더니즘 문학을 심화·발전시켰다"[03]라고 높이 평가했습니다. 물론 이상한 사람을 뜻하는 '기인奇人'이거나 미치광이를 뜻하는 '광인狂人'의 이미지로 당대의 사람들에게 기억되기도 했지만, 이상의 생존 시절부터 지금까지 그가 시대를 앞서가는 '천재'였다는 평가는 변할 줄 모릅니다.

그의 대표적 소설《날개》로 다시 돌아가 볼까요?

"날자. 날자. 날자. 한 번만 더 날자꾸나."

화자인 '나'의 절규하는 목소리가 들리지 않나요? 무언가에 짓눌려 있거나 어딘가에 묶여 있는 마음의 상태가 느껴집니다. 돋아나기를 갈망하는 '날개'란 도대체 무엇일까요? 그 날개를 펼쳐 훨훨 날아야 할 하늘은 또 어떤 세계일까요? '날개'의 상징적 의미를 생각해볼까요? 식민지 시대에 발표된 작품인 만큼 날개는 독립과 해방으로 얻게 되는 '자유'를 의미한다고 생각하는 독자들도 있을 것입니다.

물론 소설《날개》의 혈맥 속에 흐르는 작가의 정신이 일제강점기의 사회문제에 대하여 날카롭게 대응하는 것만큼은 부인할 수 없습니다. 작가도 식민지의 주민이기 때문입니다. 그러나 이상은 정치적 의미의

---

03 이상,《이상 단편선 날개》, 문학과지성사, 2005, 390쪽.

'자유'만을 생각하고서 이 작품을 쓰지는 않았습니다. 작가의 관심을 받는 영역이 '정치'에만 한정된 것은 아니니까요.

본래 '작가'라는 존재는 그 어떤 대상에 의해서도 제약을 받지 않는 무한의 자유를 추구하려는 본능을 갖고 있습니다. 27세에 세상을 떠난 이상처럼 작가들 중에 요절한 사람들이 유독 많았던 것은 자유와 어떤 관련이 있는 걸까요? 그들이 살아가던 시대와 사회가 그들의 정신세계를 억압하고 그들의 가치관을 왜곡한 탓이 아닐까요? 이러한 억압과 왜곡으로 인해 작가들은 우울증에 시달리거나 가슴에 깊게 패인 상처의 웅덩이 속에서 헤어나오지 못한 채 몹쓸 병들의 공격을 받아 세상을 등질 수 있는 것입니다.

그 무엇보다 정신세계를 이해받지 못하는 것이 가장 큰 원인입니다. 이해받지 못하는 것 또한 자유의 위축으로 이어지니까요. 그러므로 자유를 조금이라도 침해하는 모든 조건들에 맞서 반발하고 저항하는 본능적 움직임이 자연스럽게 창작의 길로 이어지게 마련입니다. 작가가 '글을 쓴다'는 것은 자유의 날개를 활짝 펴고 인생의 하늘을 마음껏 날아가는 행위와 같습니다.

이상이 작가라는 점을 고려한다면 '날개'는 정치적 자유보다 더 포괄적이고 근원적인 자유를 상징하는 것으로 보입니다. 물론, 작가가 누릴 수 있고 또 누려야만 하는 가장 인간다운 자유가 당대의 정치, 경제, 사회, 문화로부터 어떤 영향을 받는지를 이해해보는 것도 《날개》에서 얻을 수 있는 흥미로운 유익이 될 것입니다.

작가 이상이 생존했던 1920~30년대 한반도는 일제의 식민지이면서도 자본주의 시장이었다는 사실을 잊을 수 없습니다. 일제가 자본주의 시스템을 한반도로 옮겨 놓았던 것입니다. 당연히 산업화 속도가 급물살을 탈 수밖에 없었습니다. 상품을 대량으로 생산하여 매머드처럼 몸집이 큰 '자본'을 소유하려는 욕망에 사로잡힌 자본가와 기업주. 그들은 한반도에 공장을 지어놓고 어떤 사람들을 노동자로 고용했을까요? 현지 주민이자 식민지 백성인 한국인들이 공장 노동자의 다수를 형성했습니다.

　　한국인들은 그저 상품을 생산하기 위한 기계의 부품처럼 이용당하면서 소중한 시간과 노동력과 임금을 착취당해야만 했습니다. 카를 마르크스Karl Marx가 그의 저서 《자본론Das Kapital》에서 비판했던 '착취'[04]의 삼중 구조 속에 갇혀 있던 프롤레타리아가 바로 한국인들이었습니다. 식민지의 백성이니 어느 정도는 착취가 예상되는 일이었지만 그 당시에 한국인들이 감수할 수밖에 없었던 부당한 대우는 타임머신을 타고 일제강점기로 돌아가지 않는 한, 깊게 이해하기는 힘들 것입니다.

　　사정이 이와 같기 때문에 김기진, 박영희, 이상화, 박팔양, 최서해 등을 중심으로 결성된 '카프KAPF'[05]가 투쟁하기도 했습니다. 조선의

04　카를 마르크스, 《경제학·철학 초고/자본론/공산당선언/철학의 빈곤》, 동서문화사, 2008, 288쪽.
05　'조선 프롤레타리아 예술가 동맹'의 약자略字.

독립과 함께 부르주아와 프롤레타리아 간의 대립이 없는 사회주의 국가를 건설하기 위해 급진적이고 혁명적인 메시지를 전파했던 문학단체가 카프입니다. 마르크스의 사상을 계승한 진보적 그룹이 '문학'이라는 매체를 통해 물질적 착취가 없는 세상을 만들기 위해 투쟁했다는 것은 일제강점기 한국인들에 대한 착취가 얼마나 혹독했는지를 뚜렷이 증명하는 사실입니다.

카프의 성향을 가장 선명하게 보여주는 '신경향파' 문학의 대표적 단편소설 《탈출기》를 읽어 보셨나요? 소설가 최서해가 발표한 이 작품은 나라를 잃어버린 식민지 백성의 설움과 함께 노동의 결실을 부당하게 빼앗기는 무산자無産者의 좌절을 통해 혁명의 정당성을 성토하고 있습니다.[06] 일제강점기의 가시밭길을 걸어온 한국인들의 경제적 궁핍이 현대인들의 상상을 초월하는 수준이었음을 알 수 있습니다.

오스트리아 시인 에리히 프리트Erich Fried의 시 〈웃을 수 없는 풍경〉의 한 구절이 떠오릅니다.

"아이들은 장난으로 돌을 던지지만, 그 돌을 맞는 개구리들은 심각하게 죽어간다."[07]

---

06 최서해, 《탈출기》(한국문학을 권하다 29), 애플북스, 2015. 참조.

07 Erich Fried, 〈Humorlos〉, in: 《Anfechtungen Fuenfzig Gedichte》, Verlag Klaus Wagenbach, Berlin 2001, S. 26.

청록파 시인으로 활동한 혜산(兮山) 박두진 시인의 생전 모습

한국인들에게도 익숙한 이야기입니다. 억눌린 자들과 빼앗긴 자들이 겪는 처절한 고통의 크기와 길이를 물리적 척도로는 재기 어려울 것입니다. 시계의 시간으로는 단 1분에 불과한 고통일지라도 피해자에게 느껴지는 '1분'은 24시간을 지배하는 아픔의 길이를 가질 거예요. 인격을 짓밟히는 수모를 애써 참아내면서까지 열심히 노동의 땀을 흘렸지만 손에 쥐는 급여라고는 생계유지비에도 못 미치는 '빼앗김'을 일상의 습관처럼 반복적으로 강요당하는 사람들. 그들은 비인간적인 야만의 현장 한가운데로 내던져진 한국인들이었습니다.

그런데 한반도에 거주하는 인간뿐만 아니라 자연이 수난을 겪는 것도 일제강점기에는 일반적인 현상이었답니다. 인간과 흙, 인간과 산, 인간과 물, 인간과 동식물은 함께 살아가는 동반자입니다. 철학자 머레이 북친Murray Bookchin 이 "인간에 의한 자연지배는 인간에 의한 인간지배에 그 원인을 두고 있다"[08]고 말한 것처럼 인간의 존엄성과 인권이 유린당하면 자연의 생명권生命權도 침탈을 당할 수밖에 없습니다. 인간을 도구로 이용하는 세력은 자연조차도 수단으로 사용하게 마련이니까요.

---

08 머레이 북친, 《사회생태론의 철학》, 문순홍 옮김, 솔출판사, 1997, 244쪽.

일제강점기에 한반도의 인간과 자연은 고통의 멍에를 함께 짊어지고 어둠의 길을 동행하였습니다. 일본 기업들이 생산량과 수익을 늘리기 위해 황국皇國의 정책적 지원을 받아가며 자원들을 무분별하게 수탈하다보니 한반도의 자연은 갈수록 생명력이 약해지는 불행을 겪어야만 했습니다. 일제의 침략 전쟁에 필요한 무기들을 만드는 재료의 공급원 역할까지 감당해야만 했으니 한국의 산천은 나날이 수심이 깊어가는 백성의 얼굴을 닮을 수밖에 없었습니다.

　　박두진의 시 〈해〉에서 "해야, 고운 해야. 해야 솟아라. 꿈이 아니래도 너를 만나면, 꽃도 새도 짐승도 한자리 앉아, 워어이 워어이 모두 불러 한자리 앉아, 앳되고 고운 날을 누려 보리라"09고 노래하는 간절한 염원의 목소리가 들려옵니다. 인간과 자연이 손을 맞잡고 해방의 햇살을 맞이하는 감격의 환희를 꿈꾸고 있는 것입니다. 식민지의 '자연'마저도 억압의 사슬에 묶여 백성과 함께 고통을 견뎌내야만 하는 피해자임을 느낄 수 있습니다. 자연과 인간은 생명공동체의 가족이자 이웃이니까요.

　　한반도의 자연은 산업생산만이 아니라 전쟁 준비를 위해서도 죽음을 강요당하는 피해자였습니다. 산업의 재료로 남용되고 군수물자로 희생되는 것이 한국인과 함께 살던 '자연'의 슬픈 운명이었습니다. 핏

09　박두진, 《예레미야의 노래》, 창작과비평사, 1981, 19쪽.

줄로 이어진 가족처럼 인간과 자연은 생명선生命線으로 연결된 하나의 '몸'이었습니다.

02

/

물신의 목각인형으로 조종당하는 인간

인간과 자연이 고통의 쇠사슬에 함께 묶인 채 달려가야 했던 가혹한 운명의 쾌속 주로走路. 그것은 일제의 자본주의와 패권주의가 연합해서 이 땅에 만들어놓은 기괴한 괴물이기도 합니다. 이 괴물의 리모컨이 조종하는 대로 바퀴 달린 목각인형처럼 질주하는 인간의 모습을 소설《날개》의 주인공 '나'는 어떤 눈길로 바라보았을까요?

"지구가 질풍신뢰의 속력으로 광대무변의 공간을 달리고 있다는 것을 생각했을 때 참 허망한" 심정을 숨길 수 없다고 하네요. "이렇게 부지런한 지구 위에서는 현기증도 날 것 같고 해서 한시바삐 내려버리고 싶다"고 불만을 터뜨립니다.[10]

---

10   이상, 《이상 단편선 날개》, 문학과지성사, 2005, 280쪽.

창문사 시절의 이상. 왼쪽부터 이상, 가운데가 소설가 박태원, 오른쪽이 시인이자 수필가 김소운이다.

'더 크게! 더 강하게! 더 빠르게!'라고 외치는 소리가 '나'의 귀에 지구인들의 합창처럼 들려옵니다. 이것은 과학기술의 발전과 산업의 발전이 맞물려서 생산과 판매와 소유와 소비만을 부추기는 '물질 만능주의'의 집단적 광증狂症이 유럽과 미국 그리고 일본에까지 휘몰아치던 당대의 현실을 말해줍니다. 물신物神의 마법에 홀려 맹목적으로 앞만 보고 질주하는 집단의 대열에서 '나'는 기꺼이 이탈하고 싶습니다. '광란의 질주'[11]에 동참하기를 완강히 거부하는 '나'입니다.

오직 빠르게만 상품을 생산하고 오직 많은 양의 물건만을 만들어서 오직 하나라도 더 팔아 매출액을 높이는 일에만 신경을 집중하는 '질풍'의 시대. 그 시대의 한복판에 내던져진 경성京城[12]의 시민인 '나'는 이렇게 광속으로 달려가는 급행열차에서 '하차'하기를 원합니다. '현기증'으로 머리가 어질어질하니 내리고 싶은 마음이 간절해집니다. 여기서 작가 이상이 고백하는 '현기증'은 역겨움과 혐오감의 우회적 표현입니다.

어디 그뿐인가요? 은화 한 닢이라도 더 거머쥐기 위해 인간을 도구

11 이달균, 《장롱의 말》, 고요아침, 2005, 54쪽.
12 일제강점기 옛 서울의 명칭.

로 이용하는 '피곤한' 일상. 여성의 성性을 상품으로 사고파느라 '허비적거리는' 세태. 이것은 일제가 한반도의 흙 위에 옮겨 심은 물질 만능주의의 씨앗이기도 합니다.

"사람 나고 돈 났지, 돈 나고 사람 났나?"라는 말이 무색해지는 현실이었습니다. 인간보다 물질을 더 귀하게 여기고 물질을 소유하기 위해 인간을 소모품처럼 이용하다가 가차 없이 내버리는 '물질 만능주의' 현상이 식민지 백성의 정신을 갉아먹기 시작했습니다.

한국에서 물질 만능주의와 배금주의拜金主義의 역사는 일제강점기부터 시작된 것이 아닐까요? "뭐니뭐니해도 머니money가 최고야!"라는 우스갯소리가 귀에 가물거립니다. 한 번 웃고 넘어가자고 만들어낸 말이라고 해도 이제는 이 말을 고쳐 써보는 게 어떨까요? "뭐니뭐니해도 사람이 보배야!". "뭐니뭐니해도 사랑이 제일이야!" 등으로 패러디하여 사용한다면, 물질 만능주의와 배금주의에 전염되는 것을 예방하는 정신적 항체가 대중의 삶 속에서 생겨날 수도 있지 않을까요?

물질을 위한 도구로 인간을 타락시키는 현상에 대해 주인공 '나'는 혐오감을 감출 수 없습니다. '회색의 탁한 거리'[13]라는 표현이 '나'의 감정과 생각을 대변합니다. "눈에 보이지 않는 끈적끈적한 줄에 엉켜서 헤어나지를 못한다"거나 "유리와 강철과 대리석과 지폐와 잉크가

---

13   소설에서 주인공 '나'는 '회탁의 거리'라고 말한다.

이상의 소설 《날개》를 원작으로 삼은 영화 〈날개〉. 1967년 작품으로 배우 신성일과 남정임이 각각 '나'와 '아내' 역할을 맡았다.

부글부글 끓고 수선을 떤다"[14]는 고백에서 '나'의 못마땅한 감정이 묻어 나옵니다. '나'의 말에 귀를 기울이다 보면 물신에게 목각인형처럼 조종당하는 한국인의 현실[15]을 안타깝게 바라보는 작가 이상의 서글픈 눈길이 느껴집니다.

식민 지배를 당하는 어두운 삶 속에서 오로지 생계와 생존을 위해 악착같이 돈을 벌려고 발버둥을 치는 것은 '궁핍한 시대'[16]의 황무지에 내던져진 우리 한국인들의 어쩔 수 없는 현실이라고 변호할 수도 있을 것입니다. 그러나 많은 것을 빼앗기고 가난의 수렁에서 허우적거려도 가치의 우선순위만큼은 포기하지 않는 것이 인간다운 삶이 아닐까요? 가치의 최고 순위를 '물질'에 두고 인간의 존엄성과 생명과 자유와 인권과 상부상조를 하위의 가치로 떨어뜨린다면 식민지배의 현실 속에서 용케도 가난을 면하거나 부를 거머쥔다고 해도 그러한 인생을 행복하다고 말할 수 있을까요? 안락하다고는 말할 수 있어도 행복하다고 자부하거나 뿌듯해할 수는 없을 것입니다.

---

14 이상, 《이상 단편선 날개》, 문학과지성사, 2005, 298~299쪽.

15 소설에서 주인공 '나'는 이 현실을 '현란을 극한(현란이 극에 달한)' 것이라고 말한다.

16 프리드리히 횔덜린, 《빵과 포도주》, 《히페리온의 노래 - 횔덜린의 자유와 사랑의 시》, 송용구 옮김, 고려대학교 출판부, 2004, 97쪽.

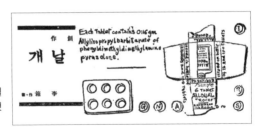

소설 《날개》의 삽화. 1936년 9월 문예지 〈조광〉 11호에 수록된 것으로 이상이 직접 그려 넣었다.

최동훈 감독의 영화 〈암살〉에 등장하는 매국노 염석진처럼 부富를 쌓아 올리기 위해 동지들과의 신의를 저버리고 동족의 소중한 생명을 값싼 도구로 이용하는 일을 아무렇지도 않은 듯 반복한다면 아무리 '황금의 옷'을 입고 있어도 그 인생은 비루함을 면할 길이 없습니다.

제2장에서 만나게 될 라인홀드 니부어Reinhold Niebuhr의 말을 빌려 표현한다면 소설 《날개》의 주인공인 '나'는 우리에게 인생의 '궁극적 가치'[17]를 어디에 두어야 하는가? 하고 묻는 듯합니다.

'나'의 아내는 '내객內客들'에게 술과 몸을 팔아 돈을 버는 사람입니다. '내객'이라니? 요즘에는 아무도 사용하지 않는 단어입니다. 죽어서 소멸한 말, 즉 사어死語로 볼 수 있습니다. 《날개》가 발표된 지 80년이 흘렀으니 소설 속에 담겨 있는 일제강점기의 우리말 중에서 사라진 말이 많은 것은 당연한 현상입니다. 시대와 문화와 풍조가 바뀌면

---

17 라인홀드 니부어, 《도덕적 인간과 비도덕적 사회》, 이한우 옮김, 문예출판사, 1992, 236쪽.

언어 또한 변화하게 마련이니까요. 내객을 지금의 언어로는 '손님'으로 바꿔 부를 수 있습니다. 그렇다면 '나'의 아내는? 손님에게 웃음을 파는 '접대부'라고 부를 수 있겠지요.

'나'의 눈에는 아내가 수단과 방법을 가리지 않는 '돈독毒'이 오른 여자로 보입니다. 간과 쓸개를 다 내주면서까지 자존심을 저당 잡혀 긁어모은 돈. 그것을 '나'에게 건네주면서 '돈'의 힘으로 '나'를 지배하려는 아내. 내객들이 돈의 힘으로 아내를 지배하는 데서 '쾌감'을 느끼는 것과 똑같이 아내도 돈의 힘을 전수 받아 연쇄적으로 '나'를 지배하며 쾌감을 맛봅니다.

무섭습니다. 돈은 권력을 키우는 불온不穩의 온상으로 둔갑할 수 있다는 것을 '나'는 똑똑히 목격합니다. 또한 돈은 권력을 남용하는 불의不義의 칼자루로 타락할 수 있다는 것을 '나'는 뼈저리게 체험합니다. 돈은 인간의 이성을 물신의 장난감으로 바꿔버리는 메두사[18]의 근친近親인가요?

"내객이 아내에게 돈을 놓고 가는 것이나 아내가 내게 돈을 놓고 가는 것이나 일종의 쾌감"[19] 때문이라는 것을 아는 데까지는 그렇게 많은 시간이 걸리지 않았습니다. 성행위의 상대방을 학대하는 행위를 통하여 쾌락을 얻는 변태 성욕의 증상을 '사디즘sadism'이라고 합

---

18 그리스 신화에 등장하는 괴물. 이 괴물의 눈과 마주치면 누구든지 돌로 변했다고 한다.
19 이상, 《이상 단편선 날개》, 문학과지성사, 2005, 280쪽.

니다. 이런 변태 성욕의 도착증에 사로잡힌 사람을 '사디스트 sadist'라고 하지요. 그렇다면 '나'의 아내는 일종의 '자본적 사디스트'가 아닐까요? 금력金力을 둔갑시킨 권력의 채찍으로 '나'의 정신을 두들기는 데서 쾌감을 만끽하다니! 아내는 '나'에게 자본적 사디스트 그 이상도 이하도 아닙니다.

'나'에게 돈을 놓고 가는 이유를 "이불 속에서 연구하기 시작하였다"[20]고 '나'는 고백해봅니다. 재미있는 표현처럼 들리겠지만 이미 '나'의 마음이 무너진 상태에서 나오는 말이 아닐까요? 믿기 어려운 사실을 믿을 수밖에 없는 '나'의 허망함과 서글픔을 스스로 위로하듯이 웃어넘기려는 본능적 태도가 아닐까요?

'나'는 아내에게 돈을 받으면 아무 불만도 표시해서는 안 되는 마리오네트 marionette[21]가 되기를 강요당합니다. 아내가 '나'를 '돈 받는 물건'으로 만들어 버렸다고 해도 지나친 표현은 아닐 거예요. '나'는 인격을 가진 인간입니다. 핏줄 속에서 꿈과 비전vision이 살아 꿈틀거리는 인간입니다. 그런데 언제까지 돈 받는 물건 신세로 지내야만 하는지 '나'의 날개가 돋을 날이 아득히 멀기만 합니다.

그러나 절망의 밑바닥으로 추락한 자만이 희망의 빛을 향해 고개

---

20 이상, 《이상 단편선 날개》, 문학과지성사, 2005, 281쪽.

21 본래 프랑스어에서 유래한 연극 용어. 인형의 각 부분을 실로 묶어서 위에서 조정하여 극(劇)을 연출하는 인형극 혹은 그 안에서 활용되는 인형.

를 들 수 있다고 말했던가요? '나'는 결코 희망을 외면하지 않습니다. 희망은 '판도라의 상자' 속에 담긴 마지막 선물이니까요. '나'는 인간다운 '자유'의 하늘로 비상하려는 비전을 움켜쥡니다. '날개'를 펴기 전에 온몸을 잔뜩 웅크려 비상의 힘을 모으는 새처럼 말입니다.

'나'는 아내에게서 받은 돈을 화장실에 미련 없이 내버립니다. "미친 것 아냐? 아내가 몸과 정신을 다 팔아서 벌어온 돈을 왜 버려? 인간 맞아?"라고 반문하면서 이해 못 하겠다는 표정을 짓는 사람들이 많을 거예요. 그러나 돈보다 나 자신을 훨씬 더 사랑하는 '나는' 돈을 버릴 수밖에 없답니다. 나는 '돈보다 귀한 인간'이니까요.

손님들이 가슴에 찔러주는 돈의 힘에 의해 물건으로 전락했던 아내가 이제는 야금야금 키운 자본적 권력의 공장에서 나의 인격을 물건으로 가공하려 듭니다. 이렇게 혹한酷寒의 툰드라에 고립된 것 같은 비인간적 현실을 저항 없이 수용한다면 인간의 정체성을 어디에서 찾아야 한다는 말입니까? 그러니 돈을 버릴수록 '나'의 비전은 '날개'가 돋는 겨드랑이의 힘줄처럼 강인해집니다. 인간의 존엄성을 존중받음으로써 진정한 자유를 되찾으려는 '나'의 비전은 결코 돈과 바꿀 수 없는 정신적 생명이니까요.

03

/

이마누엘 칸트와 토머스 모어가 말하는 '인간'의 날개

작가 이상의 소설 《날개》에서 주인공이 "다시 돋아라"고 갈망하는 '날개'는 과연 무엇일까요? 만약에 이마누엘 칸트Immanuel Kant가 이 소설을 읽는다면 '날개'를 '인간의 본성'이라고 말하지 않을까요?

칸트는 그의 저서 《도덕 형이상학을 위한 기초 놓기Grundlegung zur Metaphysik der Sitten》에서 "인간의 본성은 고결하다"[22]고 말했습니다. 이때 인간의 본성이란 이성理性을 배제한 본능을 의미하는 것이 아니라 이성을 갖고 있는 '이성적 본성'을 의미합니다.

이성을 지닌 인간의 본성은 "목적 그 자체로 존재하기[23] 때문에 고

---

22 이마누엘 칸트, 《도덕 형이상학을 위한 기초 놓기》, 이원봉 옮김, 책세상, 2002, 49쪽.
23 이마누엘 칸트, 《도덕 형이상학을 위한 기초 놓기》, 이원봉 옮김, 책세상, 2002, 84쪽.

결할 수밖에 없다"는 것이 칸트의 확신입니다. 인간의 본성이 고결하다면 인간은 존엄성을 가진 존재라고 말할 수 있겠지요. 칸트의 생각에 고개를 끄덕인다면 소설의 주인공이 펼쳐 올리기를 갈망하는 '날개'는 인간의 본성과 존엄성이 아닐까요?

토머스 모어Thomas More의 말을 빌려 표현한다면 주인공 '나'는 인간과 함께 나누는 사랑과 상생相生을 인생의 '궁극적 목적'[24]으로 지향하면서 살아왔습니다. 칸트의 말처럼 인간은 '존엄성'을 가진 '고결한' 존재라고 '나'도 믿으니까요. 이불 속에서 생각을 거듭하는 '나'의 일상생활이 그것을 증명합니다. 이불 속에 파묻혀 있는 '나'의 겉모습은 육체적 움직임이 거의 없는 무기력한 몰골입니다. 그러나 이불 속에서 끊임없이 생각의 실타래를 풀어내는 '나'의 정신은 역동적인 활력을 뿜어냅니다. 인간의 본성 속에 이성이 살아 있기 때문입니다.

'나'의 정신은 물신이 지배하는 세계에 맞서 적극적으로 저항하고 있습니다. 그렇다면《날개》의 주인공인 '나'는 사랑의 물줄기와 상생의 강물이 말라버린 비인간적 현실을 떠나서 자신의 내면세계 속으로 망명을 선택한 것이 아닐까요? 외관상으로는 '나'의 태도가 도피적으로 보이지만 사실은 '나'의 내면세계에서 사랑과 상생을 갈구하는 뜨거운 고뇌의 불길이 타오르고 있는 것입니다.

---

24 토머스 모어,《유토피아》, 나종일 옮김, 서해문집, 2005, 112쪽.

토머스 모어의 《유토피아Utopia》를 읽어 보셨나요? 이 소설에 등장하는 유토피아 주민들이 추구했던 궁극적 목적이 '정신적 쾌락'[25]이었던 것을 기억하시나요? 그들은 돈과 물질을 통해 '헛된 쾌락'[26]과 '거짓 쾌락'[27]에 빠져드는 것보다는 나눔과 배려를 통해 '덕을 실천'[28]하여 정신적 쾌락을 누렸습니다. 《날개》의 '나'처럼 그들은 사랑과 상생을 궁극적 목적으로 받들었습니다.

인간의 생활방식을 '문화'라고 부른다면 유토피아 주민들은 공동체의 구성원들을 동등한 파트너로 존중하면서 서로 양보하고 베푸는 생활방식에 문화의 우선순위를 두었습니다. 그들의 문화는 '정신적 즐거움'의 물줄기가 흘러나오는 인격의 원천이라고 볼 수 있겠지요. 그들은 공동체 안에서 함께 살아가는 인간을 위하여 물질을 '공유'[29]하는 윤리에 익숙해져 있었습니다. 물질을 소유하기 위하여 인간을 이용하는 것은 그들의 즐거움을 해치는 일이었습니다.

무엇보다도 그들은 인간의 존엄성을 존중하는 것을 유토피아의 토대라고 생각했으니까요. 유토피아라는 이름은 '그 어디에도 없는 곳'이라는 뜻을 지니고 있지만, '그 어디에도 없는 곳'을 '지금 여기에 있

---

25 토머스 모어, 《유토피아》, 나종일 옮김, 서해문집, 2005, 119쪽.
26 토머스 모어, 《유토피아》, 나종일 옮김, 서해문집, 2005, 112쪽.
27 토머스 모어, 《유토피아》, 나종일 옮김, 서해문집, 2005, 113쪽.
28 토머스 모어, 《유토피아》, 나종일 옮김, 서해문집, 2005, 119쪽.
29 소설 《유토피아》에서 저자 토머스 모어는 자신의 본명을 사용하여 작중인물로 등장하고 있다. 그는 가공인물 라파엘 히슬로다에우스의 입을 통해 "공유재산제"의 당위성을 주장하고 있다.

화가 한스 홀바인이 그린 토머스 모어의 초상화. 스콜라학파 인문주의자로서 가톨릭 교회의 성인이기도 한 토머스 모어는 현대인들에게 《유토피아》의 저자로 더욱 알려져 있다.

는 곳'으로 변화시키는 길은 인간의 존엄성을 존중하는 첫걸음에서 열리는 것이 아닐까요?

《날개》의 주인공인 '나'가 토마스 모어가 만든 이상적 공동체인 유토피아에 살았더라면 박제된 천재의 불행을 겪지는 않았을 것입니다. 아무리 뛰어난 지능을 갖고 있어도 인생의 궁극적 목적인 사랑과 상생을 상실했으니 자신을 '박제된 천재'[30]로 여길만합니다. 본성과 존엄성을 박제 당한 인간. 그가 바로 '나'입니다. 이해타산을 잊어버리고 본성의 손길에 이끌려 순수한 마음으로 인간을 사랑하려는 '자유'를 누릴 때에 '나'는 정신적 즐거움을 맛볼 수 있습니다.

소유하려는 욕망을 떠나서 본성의 발길을 따라 상생의 꽃길을 걸어가려는 자유를 선택할 때에 '나'는 정신적 쾌락에 젖어들 수 있습니다. 비로소 '나'는 존엄성을 가진 인간의 정체성을 느낄 수 있습니다. 그러나 이처럼 '나'에게 진정한 쾌락을 선사하는 자유의 날개가 물질적 권력의 철각鐵脚에 의해 짓밟혀서 내 인생의 궁극적 목적인 사랑과 상생의 하늘을 날아가는 길이 막혀버린다면 그것은 '나'의 날개를 '박제' 당한 것이나 다름없습니다.

---

30 이상, 《이상 단편선 날개》, 문학과지성사, 2005, 268쪽.

인간다운 자유를 인위적으로 제약당하거나 억압당하는 것은 인간의 존엄성을 상실하는 것과 같다고 보았던 칸트의 생각이 하늘을 날지 못하는 '나'의 날개를 위로의 손길처럼 어루만져 줍니다.

그러나 '나'와 유토피아 주민들이 추구했던 정신적 즐거움과는 다르게 '나의 아내'는 '돈'을 인생의 궁극적 목적으로 삼았습니다. 칸트는 인간과 인간의 본성을 '목적 그 자체'라고 말했지만, '나'는 목적으로 존중받기는커녕 아내의 지배 욕구와 '쾌감'을 만족하게 해줄 부속물에 불과했으니까요. 인격과 인간성을 갖

암브로시우스 홀바인의 목판화가 실린 1518년판 《유토피아》. 그림의 왼쪽 아랫부분에서 작중인물 라파엘 히슬로다에우스가 위쪽의 유토피아 약도를 가리키며 상대방에게 이 섬나라의 특징을 설명하고 있다. 경청하는 상대방은 저자이자 작중인물인 토머스 모어로 추측된다.

고 있는 '나'이지만 물신을 숭배하는 아내의 눈빛 속에서 언제나 '나'의 인간성과 인격은 피가 흐르지 않는 '메두사의 돌'처럼 취급되었으니까요.

《구약성서》의 〈창세기〉 19장에 등장하는 지명에 비유한다면 '나의 아내'는 황금의 '소돔'과 물질의 '고모라'를 향해 앞만 보고 달려가는 인간입니다. 아내와 두 딸을 데리고 물질 만능의 소돔성을 황급히 떠났던 '롯'은 가족에게 "소돔과 고모라를 뒤돌아보지 말라"고 경고했습니다. 그러나 남편의 경고를 무시하고 타락의 도시들을 돌아보았던

쾨니히스베르크(현 러시아 칼리닌그라드)에 세운 이마누엘 칸트의 동상. 칸트는 태어나서 죽음을 맞이하기까지 쾨니히스베르크를 떠나지 않았다.

1785년 발행된 칸트의 저서 《도덕 형이상학을 위한 기초 놓기》의 초판본 표지

'롯의 아내'는 그 자리에서 '소금기둥'이 되었다고 하네요.[31]

"오랜 황금이 십리十里에 뻗쳤기로 벙그는 가지 끝에 맺는 한 오라기의 빛만은 못하리라"[32]고 노래했던 시인 김현승의 말처럼 '황금'의 물질적 가치와 비교할 수 없을 정도로 소중한 것은 '빛'처럼 밝은 인간의 정신적 가치가 아닐까요? 그리고 그 정신적 가치는 유토피아 주민들처럼 사랑의 꽃씨로 인간성의 꽃을 피우고 상생의 손길로 존엄성의 열매를 맺는 것이 아닐까요?

그러나 《날개》의 주인공인 '나'의 아내는 가장 높은 궁극적 목적의 자리에 있어야 할 존엄성과 인간성을 가장 낮은 도구의 자리로 떨어뜨리고 말았습니다. '나'의 아내는 소금기둥이 된 '롯'의 아내처럼 인간의 정신적 가치를 '박제'로 바꿔놓았습니다. 흔히 말하는 가치 전도顚倒 현상이 일어난 것입니다.

---

31 《성경전서 - 킹제임스 흠정역 한영 대역》, 그리스도 예수 안에, 2008, 26~27쪽.
32 김현승, 〈三月의 노래〉, 《마지막 지상에서》, 창작과비평사, 1975, 84쪽.

칸트는 "인간은 그리고 일반적으로 이성을 가진 존재는 모두 목적 그 자체로서 존재하는 것이며, 단순히 이런저런 의지가 마음대로 사용하는 수단으로서 존재하는 것이 아니다. 그래서 인간은, 그리고 이성을 가진 존재는 (중략) 모든 행위에서 언제나 동시에 목적으로도 생각되어야 한다"[33]라고 말했습니다. '나'의 생각을 지지해주는 말이 아닐까요?

칸트의 철학을 거울삼아 '나'의 아내와 일제강점기의 현실을 비추어 볼까요? 칸트가《도덕 형이상학을 위한 기초 놓기》에서 강조하였듯이 이성을 가진 존재인 인간을 결코 단순히 수단으로만 다루어서는 안 되는[34] 이유는 너무나 분명합니다. 인간은 가장 중요한 목적이기 때문입니다.

철학자 칸트가 소설《날개》의 작중인물로 등장한다면 '나'의 아내에게 이렇게 충고하지 않을까요?

"사물에는 가치가 있지만, 인간은 그것보다 더한 존엄성을 갖고 있습니다.[35] 그런데 부인께서는 남편의 인격 안에 있는 인간성을 단지 부인의 쾌감을 위한 수단으로만 사용하시는군요.[36] 아무리 궁핍한 시대에서 살고 있다고 해도 인간성은 존엄한 것입니다."

———

33 이마누엘 칸트,《도덕 형이상학을 위한 기초 놓기》, 이원봉 옮김, 책세상, 2002, 82쪽.
34 이마누엘 칸트,《도덕 형이상학을 위한 기초 놓기》, 이원봉 옮김, 책세상, 2002, 91쪽.
35 이마누엘 칸트,《칸트의 말》, 하야마 나카바 엮음, 김치영 옮김, 삼호미디어, 69쪽. 2014, 69쪽.
36 이마누엘 칸트,《도덕 형이상학을 위한 기초 놓기》, 이원봉 옮김, 책세상, 2002, 84쪽.

'휴머니즘Humanism'이라는 말의 어원은 라틴어 '후마니타스 Humanitas'입니다. 후마니타스는 본래 '인간다움'이라는 뜻을 갖고 있습니다. 로마 시대의 석학이자 대웅변가 키케로Cicero가 기원전 55년에 최초로 이 개념을 정의하여 인간다움의 중요성을 환기시켰다고 합니다.[37]

"박제된 천재를 아십니까?"라는 《날개》의 주인공 '나'의 질문은 '인간다움'을 박탈당한 지식인의 환멸을 희화적戱畵的으로 표현한 것입니다. 그렇다면 돈을 어떻게 사용하는 것이 '인간다움'에 가까이 다가가는 길이 될까요? 《도덕 형이상학을 위한 기초 놓기》에서 칸트가 말한 것처럼 인간은 '목적 그 자체'[38]입니다. 돈은 사물일 뿐입니다. '돈' 안에는 존엄성이 없습니다. 인간을 위해 돈을 어떻게 사용하는가에 따라서 돈의 가치가 결정될 뿐입니다.

영화 〈쉰들러 리스트〉[39]의 실존 인물 '오스카 쉰들러'처럼 인간의 생명을 학살의 생지옥에서 구해내기 위해 돈을 사용할 때에 돈은 인간의 '생명 살림이'가 됩니다. 제주 기생 만덕[40]처럼 빈민들을 굶주림

37　송용구, 《인문학 편지》, 평단, 2014, 4쪽.
38　이마누엘 칸트, 《도덕 형이상학을 위한 기초 놓기》, 이원봉 옮김, 책세상, 2002, 82쪽.
39　1993년 미국에서 제작된 스티븐 스필버그 감독의 영화 〈쉰들러 리스트 Schindler's List〉. 이 영화의 원작은 호주 작가 토머스 케닐리(Thomas Keneally)의 소설 《쉰들러의 방주Schindler's Ark》다.
40　《조선왕조실록》의 기록에 따르면 1796년(정조 20)에 제주 목사(사또)는 왕실에 제주도의 미담 한 가지를 보고하였다. 그곳의 기생 '만덕'이라는 여인이 거액의 돈으로 육지에서 쌀을 매입하여 흉년에 굶어 죽어가는 백성들을 구휼했다는 내용이었다. 이에 정조는 크게 기뻐하여 만덕에게 큰상을 내리려고 했지만 만덕은 한사코 사양하였다.

의 늪에서 구휼하기 위해 돈을 사용할 때에 돈은 인간의 '생계 도우미'가 됩니다. '테나르디에' 부부에게 여관의 하녀로 이용당하던 코제트를 구하여 양녀로 품어 안았던 '장발장'[41]처럼 억압당하는 인간의 인권을 해방하기 위해 돈을 사용할 때에 돈은 인간의 '인권 지킴이'가 됩니다.

영화 〈쉰들러 리스트〉의 한 장면. 주인공 오스카 쉰들러는 유대인의 생명을 구하기 위해 나치에게 아낌없이 돈을 내던졌다. 그의 인생에 있어서 돈은 인간의 생명을 구하기 위한 수단이자 도구였다.

　칸트가 가장 높은 가치를 두었던 '존엄성'이 인간의 '인격과 인간성'[42] 안에 살아 숨 쉬고 있습니다. '돈'이라는 사물을 다스리는 주체가 바로 인간이니까요.

　"인간을 숭고한 목적 그 자체로 존중하라"는 칸트의 당부가 박제된 천재로 변한 '나'의 아픈 가슴을 어루만져줍니다. 그렇습니다. 칸트의 말처럼 인간은 '이성적인 존재'[43]입니다. 이성적인 존재는 그 어떤 이에 의해서도 특정한 목적을 이루기 위한 '수단'으로만 사용될 수는 없습니다. 세상의 모든 수단은 '인간'이라는 목적을 위해 사용되어야 합니다. 일상의 모든 도구는 '인간다움'이라는 목적을 위해 기능해야 합

41　빅토르 위고의 소설 《레 미제라블》에 등장하는 주인공.
42　이마누엘 칸트, 《도덕 형이상학을 위한 기초 놓기》, 이원봉 옮김, 책세상, 2002, 84쪽.
43　이마누엘 칸트, 《도덕 형이상학을 위한 기초 놓기》, 이원봉 옮김, 책세상, 2002, 82쪽.

니다. "인생에서 가장 크고 유일한 과제는 행복하게 살아가는 것"이라는 볼테르Voltaire[44]의 말에 비추어 본다면 '행복한 삶'이라는 중요한 과제를 수행하기 위해 인간을 돕는 도구가 '돈'입니다.

인간은 그 어떤 명분으로도 부속물이나 소모품이 될 수는 없습니다. 인간은 최고의 목적이기 때문입니다. 누구든지 자신의 목적이 선하다는 것을 아무리 아름다운 미사여구로 설명한다고 해도 목적을 이루기 위해 인간을 기계부품처럼 이용한다면 그 목적은 선한 것이라고 말할 수 없습니다. 그 목적은 토머스 모어가 말한 인생의 '궁극적 목적'에서 크게 벗어나 있는 것입니다.

아내가 '나'보다 더 가까이하려고 했던 '돈'. 이것은 인간에게서 멀어진 인간 상호 간의 사랑에 가까이 다가가기 위한 도구일 뿐입니다. 아내가 '나'보다 더 중요하게 생각했던 돈. 그것은 인간에게서 사소해진 인간 상호 간의 상생相生을 가장 중요한 문화로 영위하기 위한 수단일 뿐입니다.

인간들끼리 함께 누리는 행복을 위해 물질을 선한 도구로써 사용하는 사회의 땅이 점점 더 넓어지기를 갈망합니다. 존엄성의 '날개'를 펴고 진정한 자유의 하늘을 훨훨 날아가는 아름다운 인생을 위하여!

---

44 프랑스의 작가이자 사상가. 계몽주의 시대를 대표하는 인물이다.

네 인격 안에 있는 인간성뿐만 아니라
모든 사람의 인격 안에 있는 인간성까지도
결코 단지 수단으로만 사용하지 말고
언제나 동시에 목적으로도 사용하도록 그렇게 행위하라.

— 이마누엘 칸트, 《도덕 형이상학을 위한 기초 놓기》 중에서

지구가 질풍신뢰의 속력으로 광대무변의 공간을
달리고 있다는 것을 생각했을 때 참 허망하다.
이렇게 부지런한 지구 위에서는 현기증도 날 것 같고
해서 한시바삐 내려버리고 싶다.

— 이상, 《이상 단편선 날개》 중에서

제2장
인생의 궁극적 가치는 상생이다

라인홀드 니부어의 눈으로 읽는 프란츠 카프카의 《변신》

■ 《도덕적 인간과 비도덕적 사회》와 《변신》

라인홀드 니부어가 말하는 '인간'

종교학, 신학, 윤리학, 정치학의 경계를 넘나드는 방대한 학문의 네트워크 속에서
인생의 궁극적 가치에 관해 끊임없는 질문과 대답을 펼친 사상가 니부어,
'개인의 도덕과 사회의 정의'를 주장한 그가 말하는 '인간'이란 무엇인가?

라인홀드 니부어(Reinhold Niebuhr, 1894~1962)

인간의 플랫폼을 떠난 '가치'의 열차가
본래의 궤도를 이탈하여
자본과 기술의 종착역을 향해서만
질풍처럼 질주하는 슬픈 시대입니다.
이제는 그 열차가 쾌속의 속도를 늦추고
인간성의 레일로 복귀하여
사랑과 상생이라는 '궁극'의 중앙역으로 향하는
진정한 행복의 시대를 꿈꾸어 봅니다.

01

인간의 기계화를 비판한 작가, 카프카

20세기 초반에 독일어권 지역의 소설을 세계문학의 수준으로 끌어올린 작가가 있습니다. 그는 체코 프라하 출생의 유대인 프란츠 카프카Franz Kafka 입니다. 카프카는 세상을 떠나기 전 절친한 친구인 막스 브로트Max Brod에게 자신의 작품을 모두 폐기해달라는 유언을 남겼으나 브로트는 친구의 유언을 지키지 않았다고 합니다. 그 일화는 아름다운 전설처럼 전해져 옵니다. 카프카의 사후에 막스 브로트의 주선으로 출판된 소설들은 수많은 비평가들의 주목을 받았습니다.

카프카의 작품은 인간의 '소외'와 '실존'의 문제를 다룬 대표적 문학으로 평가되었습니다. 특히 프랑스의 장 폴 사르트르Jean Paul Sartre 와 알베르 카뮈Albert Camus에 의해 '실존주의 문학'의 전범典範으로 칭

젊은 시절의 프란츠 카프카.
실존주의 문학의 선구자로
평가받는 카프카의 작품으로
는 장편 소설 《성》, 중편 소설
《변신》, 미완성 장편 《심판》
등이 있다.

체코 프라하에 있는 카프카
의 동상. 거대한 양복을 입은
'몸 없는 인간' 위에 카프가가
목마를 하고 앉아 있다. 옷은
입고 있지만, 그 속에는 아무
것도 없는 인간이다.

송되어 더욱 유명해졌습니다.[45] 실존주의 문학의 거장 사르트르와 카뮈. 현대 프랑스 문학의 대들보 역할을 했던 이 두 작가에게 큰 영향을 끼칠 정도로 카프카의 문학세계는 자본주의 사회의 병리 현상들이 페스트처럼 번져가는 세계 속에서 인간이 어떤 생각에 의지하여 어떤 인생을 살아내는 것이 가장 인간다운 길이 될 것인지를 치열하게 고민했던 '실존'의 몸부림이었습니다.

물질 만능의 풍조로 인해 소외의 아픔을 겪는 이들이 갈수록 늘어가는 21세기의 한국 사회에도 카프카의 작품은 시사하는 바가 매우 큽니다.

만 40세에 오스트리아 '빈' 근교의 '키를링의 호프만 요양소'에서 폐결핵으로 세상을 떠나기 전까지 프라하는 카프카의 본향이자 삶의 터전이었습니다. "체코 프라하에서 태어났는데 독일어권 지역의 작가라고? 어떻게 그런

---

45 프란시스 아말피 지음, 《불멸의 작가들》, 정미화 옮김, 윌컴퍼니, 2013, 243쪽. 참조.

일이?"라고 의문을 품는 독자들도 있겠지요. 그러나 동유럽의 역사를 돌아본다면 쉽게 이해할 수 있을 것입니다.

동유럽 지역은 신성로마제국의 시절부터 수백 년간 게르만 민족의 지배를 받아 왔습니다. 식민통치 기간에 게르만 민족의 언어인 독일어가 식민정책의 하나로 동유럽 지역에 보급된 것입니다. 일제강점기에 '민족문화말살정책'의 목적으로 일본어가 한국인들에게 주입된 양상과 같습니다. 체코, 폴란드, 리투아니아, 헝가리 등 동유럽의 수많은 나라가 독일어를 사용하고 있는 사실은 이 지역이 게르만 민족의 지배를 받았던 역사를 말해줍니다.

식민 지배의 오랜 세월 동안 동유럽 지역에 뿌리를 내린 독일 사람들도 많았기 때문에 독일어는 슬라브인들의 토속 언어 다음으로 많이 사용된 언어입니다. 게다가 카프카의 생존 당시에 체코는 오스트리아의 식민지였습니다. 오스트리아는 게르만 민족의 나라로 독일어를 국어로 사용합니다. 프라하의 유대인 가정에서 태어난 작가 카프카가 일평생 독일어로 소설을 창작한 것은 매우 자연스러운 일이라고 말할 수 있겠지요.

카프카는 1901년 유서 깊은 명문 프라하 대학교에 입학하여 지성을 쌓아갑니다. 1906년에는 프라하 대학교의 법학박사 학위를 받아 법학 전문가의 위치에 오릅니다. 카프카의 소설 중에서 《선고》와 《심판》처럼 '법'과 관련된 이야기를 심심찮게 들을 수 있는 것은 '법학 전공'이라는 작가의 체험에서 비롯된 것입니다.

그는 대학교수의 길을 택하지 않고 샐러리맨으로서 청춘을 보냈습니다. 보험회사에서 1년, '노동자 재해 보험국'에서 14년 동안 근무했던 경험은 그의 대표적 소설 《변신Die Verwandlung》의 줄거리를 구성하는 체험적 요소가 되었습니다.

특히 돈과 물질을 소유하기 위해 인간을 수단으로 이용하는 비인간적 '소외' 현상이 카프카의 문학세계에서 가장 중요한 테마를 형성하게 된 것도 '보험' 관련 직장생활에 원인을 두고 있습니다. 직장인들의 고충과 애환을 카프카만큼 깊게 이해하는 작가는 많지 않을 것입니다. 《변신》의 주인공 그레고르 잠자Gregor Samsa의 직업이 회사의 '출장 영업사원'이었던 것을 기억하시나요? 인간의 존엄성에 대해 고민하며 밤을 지새웠던 카프카의 청춘이 작품 속에 자연스럽게 녹아 있다고 말할 수 있습니다.

카프카의 대표작으로 세계인들에게 널리 알려져 있는 소설 《변신》. 이 작품의 주인공 그레고르 잠자가 '갑충甲蟲(딱정벌레)'으로 변신한 이야기는 만화로도, 영화로도, 연극으로도 각색되어 대중에게 친숙한 교양이 되었습니다. 그러나 그의 '변신'이 무엇을 의미하는지 구체적으로 이해하는 사람은 많지 않습니다. 카프카는 '알레고리allegory'라는 문학적 기법으로 '변신'의 의미를 전합니다. '알레고리'란 무엇일까요? 우리말로는 '우의寓意'라고 번역됩니다. 요즘에는 번역하지 않고 '알레고리'란 낱말을 그대로 표기하는 경우가 흔합니다.

국어사전에 따르면 '우의'란 "어떤 의미를 직접 말하지 않고 다른 사물에 빗대어 넌지시 비춤"이라고 정의되어 있습니다. 여기에서 '다른 사물'로 가장 많이 등장하는 비유는 무엇일까요? 《이솝 우화》에서 볼 수 있듯이 문학작품에서 '다른 사물'의 역할

카프카가 벌레로 변신한 소설 《변신》의 캐리커처. 벌레로 대변되는 현대인의 소외감을 표현했다.

을 주로 담당하는 비유는 동물입니다. 이런 시각으로 본다면 '알레고리'를 '우의'보다는 '우화적 비유'로 번역하는 것이 더 낫다고 봅니다. 그렇다면 소설 《변신》에서 주인공을 우화적으로 '갑충'에 비유하려는 작가의 궁극적 의도는 무엇일까요? 존엄성과 인격을 가진 존재임에도 '인간'으로 존중받지 못하고 기계나 물건으로 취급받는 '소외'의 아픔을 알리려는 것이 아닐까요?

"상대가 늘 바뀌어 결코 오래갈 수 없는 만남과 결코 진실하게 이루어질 수 없는 인간적 교류 등등. 악마여, 제발 좀 이 모든 것을 다 가져가다오"[46]라고 절규하는 그레고르의 목소리에 귀를 기울여보세요. 보험회사에서 일했던 카프카의 실생활이 선명하게 반영되어 있습니다.

그레고르는 회사의 순이익을 높여주는 도구의 역할만을 담당합니

---

46 프란츠 카프카 지음, 《변신》, 이재황 옮김, 문학동네, 2005, 9쪽.

다. 그레고르는 영업의 할당 '실적'을 달성하는 부품의 기능만을 발휘합니다. 그레고르는 가족의 호주머니에 돈을 빼곡히 채워주는 기계의 임무만을 두 손에 장착합니다. 그 이상도 그 이하도 아닌 비인간적 인생의 절망을 '갑충'의 몸짓으로 보여주려는 알레고리의 의도가 갈수록 분명해집니다.

"뭐라고 판단하기 어려운 깨알같이 작고 흰 반점들로 뒤덮여 있었다"[47]라는 '갑충'의 몸에 대한 묘사가 녹슬어가는 폐기처분 직전의 볼트나 너트를 그려놓은 듯합니다. 인간의 자존감을 도저히 느낄 수 없는 지독한 소외감이 갑충의 '단단한 껍질'처럼 그레고르의 몸을 휘감고 있다고 볼 수 있겠지요. 자본주의 사회의 비인간적 현실을 폭로하고 비뚤어진 인간성을 고발하기 위해 카프카에게는 알레고리가 필요했던 것입니다.

---

47 프란츠 카프카 지음, 《변신》, 이재황 옮김, 문학동네, 2005, 9쪽.

02

/

효용의 저울 위에서
쓸모의 눈금으로 읽히는 그레고르

이마누엘 칸트는 《도덕 형이상학을 위한 기초 놓기》에서 "네 인격 안에 있는 인간성뿐만 아니라 모든 사람의 인격 안에 있는 인간성까지도 결코 단지 수단으로만 사용하지 말고 언제나 동시에 목적으로도 사용하도록 그렇게 행위하라"고 말했습니다. 인간의 존엄성을 옹호하고 있는 것입니다. 칸트의 눈으로 소설 《변신》을 읽는다면 '목적' 그 자체로 존중받을 그레고르의 존재가치가 상품의 가치로 환산되어 유통기한이 정해진 수단으로 취급받는 비인간적 현실을 발견하게 됩니다. 21세기에도 흔히 볼 수 있는 자본주의 사회의 병리 현상이라고 말할 수 있습니다. 이 비극적 현실을 '갑충'의 몸짓에 빗대어 표현한 것은 탁월한 상상력의 결실이며 기발한 묘사의 기법입니다.

생산의 수익을 올리는 기계로 변해가는 도시인들의 삶을 "생산의 수치數値밖에 모르는 전자電子 두뇌"[48]라고 비판했던 시인 한스 카스퍼 Hans Kasper의 쓴소리가 들려옵니다. 카스퍼와 카프카. 두 작가는 인간을 기계부품으로 '변신' 시키는 악몽 같은 현실을 알레고리의 기법을 통해 우회적으로 비판하는 동반자의 길을 걸었습니다.

목적으로 존중받아야 할 인간이 유통기한이 정해진 소모품처럼 취급당하는 아픔을 회사에서 겪었다고 한다면 그 상처를 어루만져줄 곳은 가정이 아닐까요? 존엄성을 가진 인간이 수익의 증감을 표시하는 그래프의 한 꼭짓점으로 분류 당하는 슬픔을 직장에서 겪었다고 한다면 그 모욕감을 위로해줄 손길은 가족의 몫이 아닐까요? 그러나 이게 웬일입니까? 그레고르는 환멸이 뼛속 깊이 사무칠 정도로 피붙이와 살붙이에 인격을 짓밟힙니다.

그레고르는 회사의 사장에 이어 가족에게도 '돈 버는 기계'[49]로 취급당합니다. 그가 회사에 출근하지 않은 날부터 이어지는 부모와 여동생의 가혹한 냉대는 이 소설을 읽는 사람들로부터 때로는 연민을, 때로는 분노를 불러일으킵니다. 비인간적 냉대의 이유는 단 하나, '돈을 벌지 않으니 이제는 쓸모없다'는 것입니다.

"어느 날 아침 그레고르 잠자가 불안한 꿈에서 깨어났을 때 그는 침대 속에서 한 마리의 흉측한 갑충으로 변해 있는 자신의 모습을 발

---

48 송용구, 《독일의 생태시》, 새미, 2007, 79쪽.
49 프란츠 카프카 지음, 《변신》, 이재황 옮김, 문학동네, 2005, 132쪽.

견했다. 그는 철갑처럼 단단한 등껍질을 대고 누워 있었다. 머리를 약간 쳐들어보니 불룩하게 솟은 갈색의 배가 보였고 그 배는 다시 활 모양으로 휜 각질의 칸들로 나뉘어 있었다. 이불은 금방이라도 주르륵 미끄러져내릴 듯 둥그런 언덕 같은 배 위에 가까스로 덮여 있었다. 몸뚱이에 비해 형편없이 가느다란 수많은 다리들은 애처롭게 버둥거리며 그의 눈앞에서 어른거렸다."[50]

함부르크 레제해프테 출판사에서 발행한 소설 《변신》의 독일어판 표지. 갑충의 그림으로 표지를 장식했다. 초판본은 1915년 12월 쿠르트 볼프 출판사에서 발행했다.

인간답게 살고 싶어도 인간의 자존감을 잃을 수밖에 없는 극단적인 소외감이 화자話者의 말처럼 '애처롭게' 다가옵니다. 존엄성을 지닌 인간의 존재가치가 '효용'이라는 저울 위에서 상품과 자본의 가치로 환산되어 '쓸모'의 눈금으로 측정되는 비애가 느껴집니다. '흉측한 갑충'처럼 인간성을 존중받지 못하는 그레고르. 그의 인생은 소설 《날개》의 주인공 '나'와 다르지 않습니다. 흉측한 갑충과 '박제된 천재'[51]. 《날개》의 '나'에게 견주어 보면 그레고르는 존엄성과 인격을 박제당하여 갑충의 등급 판정을 받은 인간입니다.

─

50 프란츠 카프카 지음, 《변신》, 이재황 옮김, 문학동네, 2005, 7쪽.
51 이상, 《이상 단편선 날개》, 문학과지성사, 2005, 268쪽.

만화로 변형된 소설 《변신》. 만화는 난해한 소설의 이해를 돕는 가장 대중적인 매체가 되었다. 작중인물인 아버지가 그레고르를 방으로 몰아넣고 있다.

그레고르가 '갑충'으로 변신했다는 것은 가족이나 회사의 구성원들과 더 이상 내면적 소통이 가능하지 않다는 것을 의미하기도 합니다. 그레고르의 언어와 그들의 언어는 이해의 접점接點을 도무지 찾을 수 없습니다. 지향하는 인생의 가치가 대립적이고 중요성을 부여하는 영역이 판이하게 다르니까요.

신학, 정치학, 사회윤리학의 융합을 통해 독창적인 가치론價値論을 제시했던 라인홀드 니부어. 그의 눈길로 소설 《변신》을 읽는다면 그레고르의 회사 사장과 가족이 추구하는 '가치'를 어떻게 논평할까요? 그레고르의 인생은 라인홀드 니부어에게서 어떤 말로 위로를 받을 수 있을까요?

03

/

사랑과 상생,
그 '궁극'의 과녁을 겨누는 인간의 화살

독일계 혈통의 미국 신학자 라인홀드 니부어를 아십니까? 영어식 이름으로는 '니버'라고 불립니다. 그는 개신교 목사이면서도 사회윤리학의 전문가입니다. 니부어의 저서 《도덕적 인간과 비도덕적 사회 Moral Man and Immoral Society》는 한국의 지식인들에게도 익숙한 책입니다. 니부어는 이 책에서 인간이 지향해야 할 '궁극적 목적'을 생명, 자유, 평등, 정의, 사랑, 상생相生, 나눔, 공동의 행복 등으로 보았습니다. 그는 이 목적을 '궁극적 가치'[52], '본질적인 도덕적 가치'[53], '보다

---

52 라인홀드 니부어, 《도덕적 인간과 비도덕적 사회》, 이한우 옮김, 문예출판사, 1992, 236쪽.
53 라인홀드 니부어, 《도덕적 인간과 비도덕적 사회》, 이한우 옮김, 문예출판사, 1992, 238쪽.

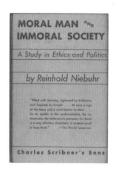

라인홀드 니부어의 《도덕적 인간과 비도덕적 사회》의 초판본 표지. 니부어의 대표적 저서이다.

더 포괄적인 가치'[54] 라고 이름 부르기도 했습니다.

그런데 이처럼 소중한 '궁극적 가치'를 실현하기 위하여 직접 도구로써 사용되는 것이 있다고 니부어는 말했습니다. 돈(물질), 권력, 명예, 지식, 기술 같은 것들입니다. 니부어는 이들의 이름을 '전통에 의해 답습된 도구적 가치'[55]라고 불렀습니다. 이들이 선한 도구의 역할을 해줄 때 인간의 존엄성 같은 '본질적인 도덕적 가치'가 실현될 수 있고, 사랑과 상생 같은 '궁극적 가치'가 결실을 볼 수 있다고 보았습니다. 프리드리히 니체Friedrich Nietsche의 말을 빌려 말한다면 "인간적인 너무나 인간적인" 생각이 아닐까요?

인생을 살아가면서 가치의 우선순위를 어디에 두어야 하는지 고민이 되거나 판단하기 어려울 때는 라인홀드 니부어의 견해에 귀를 기울여 보세요. 인간이 추구해야 할 진정한 꿈의 길을 안내받을 수 있습니다. 무언가를 소유하려는 욕망 때문에 다른 사람의 자유를 제한하거나 다수의 권익을 침해하는 오류도 예방할 수 있습니다. '궁극적 가치'를 위하여 '도구적 가치'를 선용善用하는 본질적인 윤리의 길을 걸

54 라인홀드 니부어, 《도덕적 인간과 비도덕적 사회》, 이한우 옮김, 문예출판사, 1992, 236쪽.
55 라인홀드 니부어, 《도덕적 인간과 비도덕적 사회》, 이한우 옮김, 문예출판사, 1992, 238쪽.

어갈 수 있습니다.

그러나 니부어의 희망이 무색할 정도로 그
레고르의 가족과 회사의 사장은 '돈'이라는
도구적 가치를 인생의 목적으로 삼았습니다.
물질적 효용성에 의해 인간의 존재가치를 평
가하고 자본적 기능성에 따라 인생의 등급을
매기는 물질 만능의 가치관이 그들의 의식을
지배하고 있습니다.

라인홀드 니부어는 기독교
신앙을 현실적인 현대 정치
와 외교에 접목시킨 것으로
유명하다. 현대 정의로운 전
쟁(Just War) 사상에 크게
기여하였다.

그레고르가 슬픔을 '철갑처럼' 온 몸에 두
르고 있었던 것은 자신이 '목적적 존재'가 아
니라 '돈 버는 기계'처럼 도구적 부품으로 이용당하다가 폐기처분이
되듯이 버림받았기 때문입니다. 목적적 존재인 그레고르의 내면에서
흘러나오는 진실의 노래를 아무도 들어주려고 하지 않았으니까요. 가
족의 귀가 닫혀 있는 까닭을 어떻게 설명해야 할까요?

그들은 자신들에게 필요한 것을 공급할 수 있는 언어만을 들으려
고 합니다. 그들은 자신들의 욕망을 채워줄 수 있는 언어만을 기다리
고 있습니다. 그레고르의 염려, 갈등, 고민, 비전에는 관심조차 없습니
다. 3D 프린터로 복제한 언어처럼 생활의 편의만을 충족시키려고 하
는 그들의 기계적 언어는 그들의 편의가 해소될 때까지 그레고르의
귀에 동일한 코드로 주입됩니다.

회사에서 반복되는 비인간적 생활의 패턴에 대하여 의논하고 싶어

소설 《변신》을 모티브로 한 춤 공연. 주인공 그레고르가 벌레로 변하는 장면이다. 가족에게 외면받는 우울감과 고립감 같은 감정선을 몸으로 재현해낸다.

서 마음의 둥지로부터 부모와 여동생에게 날려 보낸 언어의 비둘기는 가족의 편지를 발목에 매달고 돌아오는 것이 아닙니다. 날개가 잘린 채 대답이 실종된 콘크리트 바닥으로 추락할 뿐입니다. 그레고르가 애타게 그리워한 것은 가족의 사랑이 아닐까요? 인간의 따뜻한 관심이 아닐까요? 그레고르의 부모와 동생이 아들과 오빠보다 더 중요하게 여겼던 물질. 그것은 '사랑'이라는 궁극적 가치를 이루기 위한 도구일 뿐이라는 사실을 그들은 정말 모르는 걸까요?

인간의 삶에는 물질적 가치로 대체할 수 없는 행복의 조건들이 많습니다. 가족과의 유대, 친구와의 우정, 동료와의 협력, 이웃과의 소통, 자선과 봉사, 자연과의 상생 등은 물질적 가치로 평가될 수 없는 행복의 조건들입니다. 라인홀드 니부어의 관점에서 비평한다면 수많은 현대인들이 이러한 '궁극적 가치'로부터 멀어져 있습니다. 까맣게 잊고 살기도 하고 애써 외면하기도 합니다.

기술시대의 메커니즘은 인간의 행복을 실현하기 위해 생산의 동력과 스피드를 고조시켜 왔으나 오히려 '행복'을 깨뜨리는 모순들을 풍성하게 생산하였습니다. 전진과 상승, 생산과 발전만을 추구하느라고 주변 세계를 돌아볼 줄 모르는 현대사회에서 무관심, 단절, 냉대, 소외로 인해 눈물을 흘리는 사람들이 갈수록 많아지고 있습니다.

풍요와 편리를 누릴수록 행복과 평안을 느끼기보다는 오히려 근심과 우울이라는 무거운 병病의 무차별 공격을 받고 있습니다. 빙하기를 맞은 지구처럼 인간의 가슴에서 감정이 박제되어 갑니다. 더 많은 물질과 더 빠른 기술과 더 강력한 무기를 소유하기 위해 세계의 곳곳에서 침략과 전쟁과 살육이 끊이질 않습니다. 컴퓨터에 자동으로 입력된 무궁무진한 데이터들이 인간의 정신을 마네킹처럼 마비시키는 기이한 문화가 인간사회를 지배하고 있습니다.

라인홀드 니부어의 안타까운 시선으로 바라본다면 현대인이 탑승한 인생 열차는 '본질적인 도덕적 가치'의 레일에서 이미 오래전에 탈선하여 '궁극적 가치'의 궤도와는 전혀 다른 정반대의 노선을 질주하고 있습니다.

카프카와 니부어는 국적은 달랐지만 20세기 초반의 자본주의 사회에서 생겨나는 '인간소외'라는 비인간적 현상을 누구보다도 슬퍼했던 사람들입니다. 도구적 가치로써 선용되어야 할 자본과 물질이 궁극적 가치의 자리를 찬탈하고 오히려 인간 위에 군림하면서 인간의 몸과 정신을 '도구적' 물건으로 악용, 남용, 오용誤用하는 현실을 누구보다도 혐오했던 선각자들입니다.

카프카와 니부어. 그들은 지금 이 세상에 없지만, 책 속에 살아 숨

2013년 9월 베를린에서 공연된 연극 〈갑충〉의 한 장면. 고전 작품을 현시대에 맞게 재해석한 작품이다.

쉬는 그들의 정신만큼은 궁극적 가치와 도구적 가치의 뒤바뀐 자리가 제자리로 돌아가기를 간절히 바라지 않을까요? 인간의 활시위를 떠난 '가치'의 화살이 사랑과 상생이라는 '궁극'의 과녁을 명중시키길 염원하지 않을까요?

소설 《변신》이 발표된 지 100년이 지났지만 물신物神의 소돔성과 기술의 바벨탑을 향하여 앞만 보고 질주하는 맹목의 집단은 갈수록 팽창하고 있습니다. 그들의 소용돌이 속에서 그레고르의 '변신'은 바이러스처럼 번져가고 있습니다. 이 괴상한 현실에 맞서 인간의 존엄성을 회복하려는 노력이 절실히 필요합니다. 인간의 땅에서 더 이상 그레고르의 불행한 '변신'을 재현하지 않기 위해서도 …….

"인간이란 항상 최소한의 필요 이상으로 자신의 욕구를
확대시킬 수 있는 상상력이 있으며,
또한 다른 사람들의 필요보다는 자신의 필요를
더 절실하게 생각한다는 점에서 이기적이다.
모든 사회는 상충하는 욕구들을 역사의 궁극적
목적에 맞도록 조정하는 방법을 유지해야 할 것이다."

– 라인홀드 니부어, 《도덕적 인간과 비도덕적 사회》 중에서

"상대가 늘 바뀌어 결코 오래갈 수 없는 만남과
결코 진실하게 이루어질 수 없는 인간적 교류 등등.
악마여, 제발 좀 이 모든 것을 다 가져가다오"

– 프란츠 카프카, 《변신》 중에서

제3장

상호존중은 가장 빛나는 인간성

/

마르틴 부버의 눈으로 읽는 미겔 데 세르반테스의 《돈키호테》

■ 《나와 너》와 《돈키호테》

세르반테스가 말하는 '인간'

소설 《돈키호테》의 저자로 기존의 작법 방식을 거부하고 파격적인 서술 방식을
창안해 '현대소설의 시초'로 불리는 미겔 데 세르반테스.
유쾌한 낙천주의자인 그가 말하는 '인간'이란 무엇인가?

미겔 데 세르반테스
(Miguel de Cervantes, 1547~1616)

'정의'와 '평등'이라는

이상理想의 풍차를 향하여

진실의 '로시난테'를 타고

열정의 경주를 멈추지 않는

'돈키호테'여! 그러나

앞만 보고 달리는 것이 아니라

'산초'와 함께 '나와 너'의 꽃길을 천천히 걸어가면서

하늘의 선물인 '자유'를 노래할 줄 아는

그대가 진정한 인간이 아닌가?

01

꺼지지 않는 불꽃의 인간, 세르반테스

스페인 문학을 대표하는 작품은? 스페인의 대문호는? 세계문학의 교양을 어느 정도 갖고 있는 사람 열 명에게 이 두 가지 질문을 한다면 적어도 열 명 중에 아홉 명은 《돈키호테》와 미겔 데 세르반테스 Miguel de Cervantes를 말할 것입니다. 그만큼 장편 소설 《재치 있는 이달고 라만차의 돈키호테El ingenioso hidalgo Don Quixote de la Mancha》는 스페인 문학을 세계문학의 위치로 끌어올린 명작입니다.

작가 미겔 데 세르반테스는 1547년 스페인의 수도 마드리드 동쪽에 있는 도시 '알칼라 데 에나레'에서 태어났습니다. 아버지의 직업은 전문 외과 의사였지만 일이 있을 때마다 출장을 다니는 일용직 의사였습니다. 그런 까닭에 세르반테스의 가정은 언제나 가난한 살림을 면할 수 없었습니다. 궁핍한 생계로 인해 세르반테스는 어릴 적부터

청년기에 이르기까지 한 도시에 정착하지 못하고 여러 곳을 전전했다고 합니다.[56]

가난이 무엇인지를 일찍부터 알았기 때문인지 세르반테스는 귀족을 비롯한 상류 계층의 사람들보다는 농업과 상업에 종사하는 평민들에게 남다른 관심을 가졌습니다. 소설의 주인공 '라만차의 돈키호테'는 신분이 귀족이지만 기울어가는 가문의 후예이고 재산도 많지 않은 까닭에 작품을 읽다 보면 귀족적인 이미지보다는 오히려 서민적인 이미지가 어울리는 인물입니다. 이것은 작가 세르반테스의 가정환경이 자연스럽게 투영된 모습으로 볼 수 있겠지요. 문학은 체험의 반영물이라는 사실을 다시 한 번 실감하게 됩니다.

세르반테스를 스페인의 대문호라고 부른다면 독일의 대문호는 누구일까요? 《파우스트》의 작가 요한 볼프강 폰 괴테Johann Wolfgang von Goethe가 아닐까요? 세르반테스보다 약 200년 뒤에 활동한 괴테가 귀족 출신으로 부유한 가정에서 남부럽지 않은 교육을 받으며 성장했던 것과는 대조적으로 세르반테스는 정규교육을 받을 수 없었습니다. 그런데도 세르반테스가 불후의 명작을 쓸 수 있었던 것은 예술과 독서를 향한 남다른 열정이 있었기 때문입니다.

세계적인 문학가들이나 사상가들 중에는 정규 교육을 받지 못했

---

56 세르반테스, 《돈 키호테 1》, 김현장 옮김, 세계문학전집 4, 동서문화사, 1981, 410쪽. 참조.

으나 독학으로 위대한 문학의 금자탑을 쌓고 사상의 상아탑을 구축한 인물들이 꽤 많았습니다. 작가로는 세르반테스가 대표적이고, 사상가로는 프랑스의 장 자크 루소Jean-Jacques Rousseau를 손꼽을 수 있습니다.

루소는 제도권의 학교에 다니지는 않았지만 끊임없는 책 읽기와 열정적인 글쓰기를 건축의 재료로 삼아 '계몽사상'이라는 튼실한 집을 건설했습니다. 볼테르와 함께 18세기 프랑스의 대표적 계몽사상가로 불리는 루소. 그는 '자유'와 '평등'과 '박애'를 추구하는 '프랑스 대혁명'의 발발에 큰 영향을 끼침으로 프

프랑스의 계몽사상가 장 자크 루소. '프랑스 혁명의 아버지'로 불리는 루소는 프랑스 혁명가들이 숭앙했던 근대 혁명사상가다. 그의 저서인 《인간 불평등 기원론》 등에 의하면 니체에 앞서 근대성의 한계도 적시한 포스트모더니즘의 선구자로 비치기도 한다.

랑스 역사상 처음으로 전제군주제를 무너뜨리고 공화주의를 실현하는 데 정신적 다리 역할을 했습니다.

루소의 '계몽사상'이라는 저택 안으로 들어가면 '자연사상'과 '교육철학'과 '정치사상'이라는 방房들을 구경할 수 있습니다. 그의 자연사상과 교육철학은 《에밀》이라는 책으로, 그의 정치사상은 《사회계약론》이라는 책으로 공개되었습니다. 특히 루소의 《사회계약론》은 프랑스의 시민계급이 1789년의 대혁명을 통하여 공화주의와 직접민주주의를 발전시켜 나가는 데 가장 큰 영향을 주었던 책입니다.

그의 정치사상은 프랑스 국민들의 뇌리에 정치발전의 길잡이로 각

인되어 있습니다. 루소의 인생은 제도권의 교육을 초월하는 독자적인 책 읽기와 글쓰기가 얼마나 중요한지를 실감하게 해주는 사례입니다.

　루소처럼 제도권의 학교 밖에서 독학으로 책을 읽고 글을 쓰는 것을 가장 좋아했던 청년 세르반테스. 그는 1568년 작가 '로페스 데 오요스Lopez de Hoyos'의 문하생이 되어 본격적으로 문학을 배웠습니다. 물론 오요스의 문학 학교는 정규 학교가 아니었습니다. 스승 오요스로부터 '가장 사랑하는 제자'로 인정받을 정도로 세르반테스는 이 시기에 탁월한 문학적 재능을 나타냈습니다. 펠리페 2세의 왕비 '이사벨 데 발로이스'의 타계와 장례로 인하여 오요스의 제자들을 중심으로 엮은 조시弔詩 문집 속에는 세르반테스의 조시를 포함하여 그의 훌륭한 소네트(14행시)와 5행시 5편이 수록되었습니다. 1569년에 출간된 이 문집이 세르반테스를 전도유망한 청년 직가로 스페인 문단에 알리는 계기가 되었다고 말할 수 있겠지요.[57]

　그러나 세르반테스는 1569년 결투를 벌이다가 상대에게 큰 상처를 입히고 수배를 당하게 되자 이탈리아로 도주하여 그곳에 주둔하던 스페인 해군에 자원입대하였습니다. 지중해를 장악한 오스만 튀르크에 대항해 1571년 기독교 연합 해군의 일원으로 레판토 해전에 참가하여 왼손을 잃어버리는 불행을 겪었습니다. 다행히 목숨을 건져 스페인으로 돌아올 수 있었지만, 귀향 도중에 터키 해적의 포로가 되어 알

57　세르반테스, 《돈 키호테 1》, 김현장 옮김, 세계문학전집 4, 동서문화사, 1981, 411쪽. 참조.

제리에서 5년 동안 노예생활을 겪는 등 죽음과 삶의 경계에서 아슬아슬한 고비를 여러 차례 넘겼습니다.[58]

스페인 국립도서관 입구에 세워진 세르반테스 조각상. 세르반테스는 스페인 국민들의 뇌리에 정신적 스승으로 각인되어 있다.

행운이 따라 주어 세르반테스가 조국 스페인의 품에 안길 수 있었던 것은 인류에게 선물이나 다름없는 축복이 되었습니다. 하마터면 세계문학의 금자탑을 이룰 대문호를 잃어버릴 뻔했으니까요. 이상과 희망, 자유와 평등, 정의와 진실, 사랑과 우정, 열정과 의지 등을 두루 갖춘 진정한 인간 '돈키호테'를 세계의 독자들이 만나지 못했더라면 그에 따른 손실을 돈의 가치로 어떻게 바꿀 수 있을까요?

전쟁과 노예생활에서 살아남은 것 다음으로 다행스러운 일은 그가 오른손을 잃지 않았다는 것입니다. 왼손을 잘린 것은 불행한 일이지만 왼손잡이가 아닌 이상 오른손을 대신하여 왼손이 희생되는 것이 '불행 중 다행' 아닐까요? "펜은 칼보다 강하다"[59]는 말처럼 펜을 쥐고 있는 오른손이 작가에게는 가장 든든한 무기와 다름없으니까요.

세르반테스는 1580년 마드리드로 돌아왔지만, 조국의 경제적 상황

---

58 햇살과나무꾼 지음, 《햄릿에서 데미안까지 명작의 탄생》, 2010, 142쪽. 참조
59 영국의 소설가이자 극작가인 에드워드 불워 조지 리튼이 1839년에 발표한 희곡 《리슐리외 추기경 Cardinal Richelieu》에서 작중인물 '리슐리외'가 한 말이다.

스페인 연극의 대부 로페 데
베가의 초상. 스페인 황금기
의 뛰어난 극작가로서 1,800
편에 달하는 희곡과 수백 편
의 짧은 극작품을 썼으며 그
중 희곡 431편과 그보다 짧
은 극작품 50편이 남아 있다.

이 열악하여 쉽게 일자리를 구할 수 없는 형
편이었다고 합니다. 크고 작은 전란을 겪는
동안 늘어난 군인 실업자들의 궁핍한 살림은
스페인의 심각한 사회문제가 되었습니다. 경
제적 어려움을 돌파하기 위해 세르반테스가
선택한 인생길은 창작이었습니다. 일할 수 있
는 직장은 구하기 힘들고 글쓰기의 재능은 확
고하다면 그처럼 작가의 길을 인생의 외길로
선택하는 것은 충분히 이해되는 상황입니다.

더욱이 1584년에 결혼한 젊은 아내 카타리
나[60]의 재산이 어느 정도는 작가의 마음에 여유를 주어 창작에 전념
하는 힘이 되었나 봅니다.[61] 결혼 후 이듬해인 1585년에 발표한 첫 소
설 《라 갈라테아La Galatea》는 성공을 거두지 못했지만, 신혼의 3년 동
안 무려 20편 이상의 희곡을 썼다고 세르반테스가 말하는 것을 미루
어 볼 때 이 시기의 안정된 정서를 짐작할 수 있습니다.

그러나 세르반테스의 희곡은 대중의 인기를 얻지 못했습니다. 연극
으로 공연된 작품이 거의 없었던 것이 대중의 신통치 않은 반응을 증
명합니다. 당대 스페인의 연극계에서 최고의 인기를 누리던 작가는

---

60 세르반테스보다 18년 연하의 여인으로 알려져 있다.
61 세르반테스, 《돈키호테 1》, 김현창 옮김, 세계문학전집 4, 동서문화사, 1981, 412쪽. 참조.

로페 데 베가Lope de Vega [62]였습니다. 이른바 '코메디아comedia'로 불리는 새로운 희곡의 기풍을 불러일으켜서 대중의 눈과 귀를 사로잡았습니다. 귀를 사로잡다니? 희곡을 읽으면 그만이지 '귀'와 무슨 상관이 있을까요? 귀와 희곡은 떼려야 뗄 수 없는 관계입니다. 모든 희곡은 무대 위에서 연극으로 공연되는 것을 전제로 창작되니까요.

로페 데 베가의 '코메디아'는 스페인의 연극 무대를 지배하며 관객의 눈을 홀리고 귀를 즐겁게 해주었습니다. 이에 반해 세르반테스의 희곡은 전통의 산물로 묻히고 말았습니다. 왜 세르반테스의 문학적 재능은 희곡보다는 소설 쪽으로 훨씬 더 기울어져 있는 걸까요? 같은 시대에 활동했던 영국의 윌리엄 셰익스피어William Shakespeare가 희곡을 통해 명성을 떨치던 상황과는 아주 대조적입니다.

그러나 결과적으로 생각하면 잘된 일이 아닐까요? 세르반테스가 희곡 작가로 성공했더라면 《돈키호테》를 아예 집필하지 않았거나 희곡의 형태로 발표했을 것입니다. 만일 이 작품이 '희곡'이라는 장르로 문학의 옷을 바꿔 입었더라면 대중의 반응은 어떠했을까요? 소설에는 돈키호테와 산초 판사 간의 대화가 무수히 등장하기 때문에 희곡으로 구성하여도 대중의 뜨거운 관심을 받았을 거라는 추측이 가능합

---

62 로페 데 베가(Lope de Vega, 1562~1635년) : 스페인의 '국민 연극'을 확립하여 연극의 대중화 시대를 열었던 극작가. 그의 혁신적 연극은 스페인 연극이 아리스토텔레스의 '3일치 법칙'에 토대를 둔 전통적 연극을 탈피하여 현대 연극으로 나아가는 출발점이 되었다. 그는 서양 연극사(演劇史)에서 영국의 윌리엄 셰익스피어에 비견될만한 위대한 작가로 평가받고 있다.

니다. 그렇지만 명마名馬 '로시난테'⁶³를 타고 스페인의 곳곳을 편력하면서 수많은 모험담을 펼치는 정의로운 기사騎士의 인생길은 대화의 형식보다는 이야기의 형식으로 표현되는 것이 더욱 짙은 호소력을 발휘하지 않을까요? 희곡보다는 '소설'이라는 장르가《돈키호테》의 몸에 꼭 맞는 문학의 옷이 될 거예요.

세르반테스의 희곡에 대한 대중의 미온적 반응 탓인지 창작활동은 그의 생계에 별다른 도움을 주지 못했습니다. 결국 세르반테스는 작가의 인생길에서 잠시 외도합니다. 그는 스페인 '무적함대'의 일원으로 뛰어듭니다. 예전처럼 해군으로 직접 전투에 참가하지는 않았지만, 무적함대의 식량 징발과 보급의 일을 맡았습니다. 그러나 결혼 전의 인생이 그랬듯이 그의 우여곡절은 이어졌습니다.

1592년 '식량' 관련 업무에서는 권한을 남용했다는 죄목으로 철창 신세를 졌고, 1594년 '그라나다'의 세금 징수원 업무에서는 징수한 세금을 예치한 은행의 파산과 함께 은행 관계자의 도주로 인해 감옥에서 고달픈 나날을 보냈습니다. 세금을 횡령했다는 누명을 쓴 것입니다. 석방된 뒤에도 17세기로 바뀌는 전환점에 이르기까지 본향이나 다름없는 '세비야'에서 보낸 세월은 가난의 연속이었습니다.

---

63 늙고 볼품없는 나귀이지만 '돈키호테'는 이 나귀에게 '로시난테'라는 이름을 붙이고 명마(名馬)라고 믿는다.

74

하지만 "흔들리지 않고 피는 꽃이 어디 있으랴"[64]라는 도종환 시인의 말처럼 힘겨운 생활이 반복될 때마다 되살아나는 창작의 불꽃은 마침내 '돈키호테'라는 불후의 불길로 타올랐습니다. 파란만장한 인생살이의 고난조차도 '소설'이라는 나무를 키우는 대지의 생명력이 되었나 봅니다. 세르반테스는 "운명의 바퀴를 멈추게 할 만큼 강한 못은 존재하지 않는다"[65]고 말한 바 있습니다. 그의 말이 암시하듯이 소설《돈키호테》는 멈추지 않는 '운명의 바퀴'가 되었습니다.

"도망치지 말아라. 이 비겁하고 어리석은 자들아. 너희들과 대적할 사람은 여기 있는 이 기사뿐이다."[66] 거대한 풍차들을 향해 이렇게 당당히 소리치며 거침없이 돌진하는 돈키호테의 용기와 포부는 '꿈'을 포기하지 않았던 세르반테스의 강인한 의지에서 태어난 것입니다.

---

64 도종환의 시 〈흔들리며 피는 꽃〉의 제1행. 도종환 시집《흔들리지 않고 피는 꽃이 어디 있으랴》(랜덤하우스코리아).

65 프란시스 아말피 지음,《불멸의 작가들》, 정미화 옮김, 윌컴퍼니, 2013. 참조.

66 세르반테스,《돈 키호테 1》, 김현창 옮김, 세계문학전집 4, 동서문화사, 1981, 50쪽.

02

소설의 광맥에서 캐내는
'인간다움'의 보석

1605년, 스페인에서 출간된《재치 있는 이달고 라만차의 돈 키호 테El ingenioso hidalgo Don Quixote de la Mancha》전편前篇의 이야기 속에 빠져드는 독자들이 폭발적으로 증가하면서 '돈키호테'는 단지 한 권의 책이 아니라 도시인들의 '문화 코드'가 되었습니다. 전편이 출간된 1605년에 7종의 판본이 동시다발적으로 모습을 드러냈습니다. 후편後篇이 출간되기 전까지 11년 동안 전편의 13종이 판본을 달리하여 지속적으로 출판되었다고 합니다. 1612년에는 영역英譯본《돈키호테》가, 1614년에는 불역佛譯본《돈키호테》가 유럽 문명의 중심 지역에 스페인 문학의 깃발을 꽂았습니다.

1616년에 공개된《돈키호테》의 후편은 스페인 문학의 황금기를 화룡점정畵龍點睛하는 결정적 붓끝이 되었다고 볼 수 있겠지요. 이미 영

국에서는 윌리엄 셰익스피어의 희곡 《햄릿》
(1601년), 《오셀로》(1604년), 《리어 왕》(1605년),
《맥베스》(1606년)가 연이어 발표되어 유럽 문
단과 연극계의 스포트라이트를 받았습니다.
17세기 초반에 유럽은 세계문학의 새로운 역
사를 창조하는 '문화시대'의 대양을 향해하고
있었던 것입니다.

명마 로시난테를 타고 풍차
를 향해 돌진하는 돈키호테.
'이상'을 포기하지 않는 불굴
의 의지로 세계인들의 가슴에
새겨져 있다.

　　15세기 중반 요하네스 구텐베르크Johannes
Gutenberg의 금속활자 인쇄술이 유럽의 문
명을 도약시켰던 물결의 흐름을 타고 유럽
의 문학은 순풍에 돛을 단 것처럼 '인간다움
Humanitas'이라는 유토피아의 항구를 향해 나
아가고 있었다고 말할 수 있습니다. 이것은
'인간다움'과 '인간성'을 재생하려고 했던 르
네상스와 인문주의人文主義의 자연스러운 결과
물이 아닐까요?[67] 그 당시에 스페인과 영국은

1605년 스페인에서 출간된
《재치 있는 이달고 라만차의
돈키호테》 초판본 표지.

67　송용구, 《인문학 편지》, 평단, 2014, 4쪽. 참조

인문학 혹은 인문주의라는 이름은 본래 라틴어 '후마니타스(humanitas)'와 '스튜디아 후마니타티스
(Studia humanitatis)'에서 유래했다고 한다. 후마니타스는 인간다움을, 스튜디아 후마니타티스는
인간다움에 대한 연구 혹은 인간에 대한 학문을 의미한다. (중략) 르네상스 시대에 유럽의 문명 지형
도를 바꿔 놓은 인문주의의 화두는 바로 '인간'이었다. "인간이란 어떤 존재인가", "가장 인간다운 인
간이란 어떤 인간인가", "진정한 인간성이란 무엇인가" 등 인문주의는 인간에 초점을 맞추었다.

16세기 종교개혁 시대의 목판 풍자화 〈예수와 교황〉. 벙거지를 쓰고 어린 나귀를 탄 예수의 소박한 모습과 금관을 쓰고 화려한 옷으로 치장하여 백마 위에 올라탄 교황의 사치스런 모습이 대조적이다.

세계 지배의 패권을 놓고 경쟁하던 견원지간犬猿之間이었기 때문에 정치의 검은 장막을 초월하여 문학의 물결에서 비쳐 나오는 '인간다움'의 빛이 더욱 찬란한 빛을 발한 것으로 보입니다.

원대한 꿈. 그 꿈을 이루기 위해 '풍차'처럼 거대한 불가능의 장벽을 돌파하려는 '초월'의 의지. 실패를 두려워하지 않고 마지막 순간에 이르기까지도 노력의 땀방울을 쏟아붓는 열정. 옳은 일을 위해서라면 목숨을 아끼지 않고 악한 자들의 칼날 앞에 당당히 맞서 그들의 칼끝을 밟고 서려는[68] 용기 등. 소설 《돈키호테》라는 광맥鑛脈에서 캐낼 수 있는 '인간다움'의 보석들은 고갈될 줄 모릅니다.

라만차la Mancha라는 시골 마을에서 살고 있는 늙은 귀족 '알론소 키하나'. 그는 기사도騎士道 이야기를 탐독하다가 자신도 모르게 그만 공상의 세계 속으로 빠져듭니다. 스스로 기사가 되었다는 착각에 사로잡혀 인간세계의 불의와 부정을 개혁하겠다는 '이상'을 품고 방랑의 길을 떠납니다. 자신의 이름도 기사의 이름에 어울리게끔 '라만차

---

68 만해 한용운의 시 한 구절.

의 돈키호테'로 개명하고 가문 대대로 전승된 허름한 갑옷을 착용합니다. 아무도 거들떠보지 않는 늙은 나귀에게 명마 '로시난테'라는 이름을 붙여주고 비쩍 마른 나귀의 등에 주저 없이 올라타더니 당당하게 불의를 징벌하기 위한 출정의 칼을 뽑습니다.

《신약성서》에서 예수 그리스도가 예루살렘에 입성하기 위해 다 자라지도 않은 '나귀'를 데려와서 길동무로 삼았던 장면이 떠오릅니다. 돈키호테와 예수 그리스도는 닮은 점이 많아 보입니다. 작고 가녀린 들꽃[69] 한 송이도 귀하게 여기고 연약하고 볼품없는 '나귀'[70]도 소중한 조력자助力者로 삼았으니까요. 진리를 사랑하고 자유를 갈망하며 평등을 추구하는 사람은 모든 생명을 존중할 수밖에 없다는 '인간다움'의 진실을 예수 그리스도와 돈키호테의 생애로부터 또다시 만나게 됩니다. 이러한 '인간다움'의 길을 걸어갔기 때문에 예수 그리스도는 자신을 '인자人子(Son Of Man)'[71]라고 부른 것이 아닐까요?

---

69 〈마태복음〉 6장 28~29절,《성경전서》 개역개정판, 대한성서공회, 1998, 9쪽.
　　"들의 백합화가 어떻게 자라는가 생각하여 보라 수고도 아니하고 길쌈도 아니하느니라 그러나 내가 말하노니 솔로몬의 모든 영광으로도 입은 것이 이 꽃 하나만 같지 못하였느니라"
70 〈마태복음〉 21장 2~7절,《성경전서》 개역개정판, 대한성서공회, 1998, 34쪽.
　　"너희는 맞은편 마을로 가라 그리하면 곧 매인 나귀와 나귀 새끼가 함께 있는 것을 보리니 풀어 내게로 끌고 오라 제자들이 가서 예수께서 명하신 대로 하여 나귀와 나귀 새끼를 끌고 와서 자기들의 겉옷을 그 위에 얹으매 예수께서 그 위에 타시니"
71 〈마태복음〉 16장 13절,《성경전서》 개역개정판, 대한성서공회, 1998, 27쪽.
　　"예수께서 빌립보 가이사랴 지방에 이르러 제자들에게 물어 이르시되 사람들이 인자(人子)를 누구라 하느냐?"

‘인자’라는 낱말을 한자어가 아닌 우리말로 풀어쓴다면 작가 이문열의 소설 제목과 같은 ‘사람의 아들’입니다. 《신약성서》에서 베드로와 요한을 비롯한 사도들은 모두 예수 그리스도를 ‘하나님의 아들’[72]이라고 부르고 있지만 예수 그리스도는 자신을 스스럼없이 ‘인자人子’라고 말합니다. ‘하나님의 아들’이 어떻게 ‘사람의 아들’ 혹은 ‘인자’가 될 수 있다는 말입니까?

　영역英譯 《성서》에서 ‘Man(인간)’의 첫 글자가 대문자로 시작하는 것을 주목해볼까요? 어째서 대문자로 기록되었을까요? 《성서》에서 ‘Man’은 예수 그리스도의 아버지로 불리는 ‘하나님’을 뜻하기 때문입니다. 《성서》에서는 신성神性을 가진 존재인 하나님과 예수와 성령Holy Spirit을 지칭할 때마다 대문자로 이름을 시작합니다. 그러므로 ‘Man(인간)’이라는 말은 ‘완전한 인간’ 혹은 ‘가장 인간다운 인간’을 의미합니다. 〈창세기〉에서 “하나님이 자기 형상 곧 하나님의 형상대로 사람을 창조했다”[73]고 기록된 말은 ‘완전한 인간’의 형상대로, ‘가장 인간다운 인간’의 형상대로 아담을 창조했다는 말과 같은 의미를 지닐 수밖에 없습니다.

　《성서》에 기록된 예수 그리스도의 인성人性과 그의 ‘인자’라는 이름

---

72 〈마태복음〉 16장 16절, 《성경전서》 개역개정판, 대한성서공회, 1998, 27쪽.
　　“주는 그리스도시요 살아계신 하나님의 아들이시니이다”
73 〈창세기〉 1장 27절, 《성경전서》 개역개정판, 대한성서공회, 1998, 2쪽.

을 이렇게 '인간다움'의 시각과 휴머니즘의 렌즈로 바라보는 것도 흥미로운 일이 아닐까요? 예수 그리스도의 생애와 돈키호테의 인생에서 열리는 인간의 길을 함께 걷고 싶습니다. 진리를 사랑하는 길. 자유를 갈망하는 길. 평등을 추구하는 길. 생명을 존중하는 길을 …….

03

/

마르틴 부버가 말하는
돈키호테와 산초 판사의 우정

    필자가 발견한 돈키호테의 '인간다움' 중에서도 가장 인간다운 미덕美德으로 예찬하고 싶은 인간성은 바로 상호존중과 상호관계입니다. 작중인물 돈키호테와 산초 판사 간의 인간관계는 주인과 하인의 수직적 위계질서에서 시작됩니다. 그러나 이 위계질서는 신분제 사회가 맺어 놓은 의례적儀禮的 형식일 뿐입니다. 적어도 두 사람의 인간관계 속에서는 신분제가 유명무실해집니다. 그들의 관계를 보석에 비유해볼까요? 그것은 '상호존중'이라는 석류 속에서 영롱한 빛을 잉태하고 있는 우정의 진주입니다.

    스페인 사회의 신분제도에 구애되지 않는 인간의 평등한 상호관계를 추구하였다는 점에서 《돈키호테》는 시대를 앞서가는 선각자의 문학이었습니다. 봉건적 위계질서가 허물어지고 지배자와 피지배자 간의 수직적 사회구조가 해체되어야만 인간의 진정한 자유를 기대할 수 있다는 돈키호테의 생각이 '인간다움'의 빛을 발합니다. 불평등을 강요하거나 조장하는 체제와 제도는 인간의 자유를 억압하고 인간의 존엄성을 앗아갈 수밖에 없다는 세르반테스의 비판의식을 엿볼 수 있습니다.

철학자 마르틴 부버Martin Buber에게 《돈키호테》의 평가를 의뢰한다면 그는 분명히 '만남'[74]과 '관계'[75]의 관점에서 이 소설의 장점을 높이 평가하리라 봅니다. 지식의 어부인 마르틴 부버가 《돈키호테》라는 드넓은 바다 한복판에서 철학의 그물로 끌어올리길 갈망하는 물고기가 있다면 바로 돈키호테와 산초 판사 간의 수평적 '상호관계'[76]라는 생각이 듭니다. 이 상호관계를 조금 더 깊게 이해하려면 부버의 저서 《나와 너Ich und Du》를 읽어 보세요.

마드리드의 스페인 광장에 있는 세르반테스 기념탑. 세르반테스의 석상을 중심으로 왼쪽에는 돈키호테, 오른쪽에는 산초 판사의 청동상이 있다. 이 기념탑은 스페인의 상징으로 여겨진다.

오스트리아 사상가 마르틴 부버. 그의 철학은 인간과 다른 존재의 만남 또는 대화에 중심을 두었다.

---

74 마르틴 부버, 《나와 너》, 표재명 옮김, 문예출판사, 1993, 17쪽.
75 마르틴 부버, 《나와 너》, 표재명 옮김, 문예출판사, 1993, 8쪽.
76 마르틴 부버, 《나와 너》, 표재명 옮김, 문예출판사, 1993, 12쪽.

부버의 사상에 따르면 '나'와 '너'의 원만한 대화를 통해 두 사람의 '상호관계'를 이루는 것은 '나'의 자존감과 정체성을 회복하는 지름길이요, 자아실현에 필요한 필수적 과정입니다. 즉 대화를 통해 '나'의 마음과 '너'의 마음이 친밀한 소통을 쌓아 나갈 때 인간다운 사회적 관계가 형성된다는 것입니다.

부버는 '나'와 '너'사이에 있을 수밖에 없는 '차이'[77]와 '다른 점'[78]을 인정하는 출발점에서부터 '나'와 '너'의 만남과 대화의 문이 열린다고 생각했습니다. 다시 말하여 환경, 문화, 기질, 성품, 재능, 역할, 꿈(비전) 등이 다르다는 것을 인정하는 배려가 필요하다는 것입니다. 이 차이를 존중할 때에 '나'와 '너' 사이에 조화의 꽃을 피우는 아름다운 '관계'의 꽃길이 열립니다.[79]

언제쯤 라만차로 돌아올지 기약도 없는 돈키호테의 방랑길에 외로움을 덜어줄 동반자가 생겼습니다. 산초 판사가 바로 그 사람입니다. 영화나 연극에 비유하여 돈키호테를 '주연'이라고 한다면 산초는 '조연'에 어울리지 않을까요? 스크린의 불이 꺼질 때까지, 무대의 막이 내릴 때까지 이 주연과 조연은 기쁨의 단맛을 함께 보고 슬픔의 멍에를 함께 매는 인생의 길동무 역할을 나눕니다.

---

77 Gerhard Wehr, 《Martin Buber》, Reinbek bei Hamburg 1968, 17쪽.
78 마르틴 부버, 《나와 너》, 표재명 옮김, 문예출판사, 1993, 85쪽.
79 송용구, 《인문학 편지》, 평단, 2014, 71쪽. 참조

실제로 동서고금의 유명한 소설과 희곡을 읽다 보면 동반자적 관계를 형성하는 작중인물들이 꽤 많습니다. 윌리엄 셰익스피어의 희곡《베니스의 상인》에 등장하는 안토니오와 바사니오, 사뮈엘 베케트Samuel Beckett의 희곡《고도를 기다리며》에 등장하는 블라디미르와 에스트라공, 헤르만 헤세Herman Hese의 소설《데미안》에 등장하는 싱클레어와 데미안, 마크 트웨인Mark Twain의 소설《허클베리 핀의 모험》에 등장하는 허크와 짐, 허먼 멜빌Herman Melville의 소설《모비 딕》에 등장하는 이스마엘과 퀴퀘그 등 문학작품 속의 동반자 관계를 화제로 삼아도 하룻밤은 거뜬히 세울 수 있을 것 같습니다.

마르틴 부버가 말한 것처럼 민족, 인종, 성별, 환경, 신분, 문화, 언어의 장벽을 뛰어넘어 '나와 너'의 '차이'를 이해하고 인정하면서 상대방의 인간성을 존중하는 인격적인 '만남'의 길을 동행했던 작중인물들을 문학작품 속에서 무수히 만날 수 있습니다. 돈키호테와 산초 판사도 이 순수한 우정의 클럽에 회원으로 가입할 자격이 있지 않나요?

산초 판사는 스페인의 전통적 농부상農夫像을 보여주는 모델입니다. 하지만 그는 농부로 생활하던 중에 돈키호테를 만나 그의 하인이 됩니다. 산초는 주인과는 대조적인 인물입니다. 산초의 눈길은 언제나 현실을 향합니다. 현실적 이익을 얻으려는 욕심이 많은 탓에 교묘하거나 영악해 보일 때도 있지만, 위험한 상황이 느껴지면 지레 겁을 집어먹고 꽁무니를 빼는 모습에서 독자의 웃음을 자아내기도 합니다.

그러나 아무리 어려운 상황이 닥쳐도 돈키호테에게 변함없이 충성

마르틴 부버의 대표적 저서 《나와 너》의 영문판 표지. '나와 너'의 관계에 사상의 토대를 둔 인격주의적 철학은 실존주의와 함께 제1차 세계 대전 이후의 기독교 신학, 철학은 물론 정신의학계에까지 큰 영향을 끼쳤다.

하는 의리 있는 남자의 모습이 산초의 매력입니다. 소설 《대지》의 주인공 '왕룽'처럼 흙을 좋아하고 아꼈던 산초 판사. 돈키호테를 향한 그의 충忠과 신의는 흙처럼 진실한 남자의 가슴에서 언제나 푸른빛을 발하는 '인간다움'의 상록수입니다.

마르틴 부버의 눈길로 바라본 돈키호테와 산초 판사. '나와 너'의 '차이'가 말해주듯이 두 사람의 기질과 성향은 아주 다릅니다. 열정의 불길 속에서 온몸을 불사르며 '이상理想'이라는 풍차를 향해 돌진하는 돈키호테. '현실'이라는 들판을 바라보면서 비옥한 땅을 가꾸기 위해 한 줌의 흙을 손에 쥐는 산초 판사. 겉보기에도 두 사람은 상이한 성격을 가진 상극相剋의 인물형입니다.

세르반테스는 돈키호테의 이상 지향적 성격과 산초 판사의 현실 지향적 성격을 선명하게 부각시켜서 작중인물의 성격과 개성을 문학의 가장 중요한 요소로 만드는 데 성공했습니다. 소설 《돈키호테》가 셰익스피어의 희곡과 함께 근대문학의 본격적 출발점으로 평가받는 이유도 여기에 있습니다. 그렇다면 셰익스피어와 세르반테스를 '근대문학의 아버지'라고 부르는 것도 틀린 말은 아니겠군요.

산초 판사와 돈키호테는 마르틴 부버의 생각과 같이 서로의 '차이'

를 상극의 조건으로 받아들이기보다는 조화의 꽃을 피울 수 있는 꽃 씨로 받아들입니다. 성격이 너무나 다르기 때문에 티격태격 말다툼하는 장면도 자주 눈에 띕니다. 그러나 상대방의 단점과 허물을 업신여기는 것이 아니라 이해하고 덮어주며 감싸주려는 '관용'의 인간미를 공유합니다. 그만큼 마음의 여백에 흐르는 여유의 물길이 넉넉하다고 말할 수 있겠지요.

마르틴 부버는 '나'와 '너' 사이에 서로 말을 걸어 주고 그 말에 '응답하는' 내면적 소통이 끊이지 않을 때에 비로소 "나와 너는 인간다운 정신 안에서 살 수 있다"[80]고 말했습니다.[81] 대화를 통해 소통하는 상호작용의 관계에서만 성숙한 인간성과 진정한 자유를 누릴 수 있다는 뜻으로 생각됩니다. 그런데 부버가 강조했던 응답과 대화와 소통의 상호작용은 돈키호테와 산초 판사의 동행길을 단절 없이 이어주는 정신적 길동무가 되었습니다. 두 사람의 말을 들어볼까요?

"사랑하는 산초! 자유란 하늘이 인간에게 선사한 가장 소중한 선물이라네. 자유란 땅이 숨겨놓고 바다가 덮어놓은 다른 보석들과는 비교조차 할수 없을 만큼 귀한 보석이라네. 자유가 있기 때문에 인생의 모험을 주저하지 않는 것이라네. 또 자유의 힘으로 모험의 길을 가야만 하는 것이 인간

---

80 마르틴 부버, 《나와 너》, 표재명 옮김, 문예출판사, 1993, 21쪽.

81 송용구, 《인문학 편지》, 평단, 2014, 71쪽. 참조.

이라네.”

    - 미겔 데 세르반테스의《돈키호테》중에서

“주인님은 저를 진심으로 아껴주십니다. 제가 하인이지만 고마움을 느끼면 주저 없이 저에게 고맙다고 말씀하십니다.”

    - 미겔 데 세르반테스의《돈키호테》중에서

산초에게 들려주는 돈키호테의 조언에서 '자유'를 사랑하는 돈키호테의 열린 마음을 볼 수 있습니다. 그리고 주인에 관한 산초의 고백에서 그를 동등한 동반자로 소중히 여기는 돈키호테의 따뜻한 인간성을 느낄 수 있습니다.

라인홀드 니부어Reinhold Niebuhr의 말을 빌려 표현한다면 산초 판사가 인정하는 돈키호테의 능력은 돈과 권력과 명예 같은 '도구적 가치'[82]에 집착하지 않고 인간의 상호관계를 '궁극적 가치'[83]로 받드는 인성의 능력입니다. 마르틴 부버는 이 능력을 '관계 능력'[84]이라고 말했습니다. 세상 사람들이 돈키호테를 허황된 미치광이로 손가락질해도 산초 판사만큼은 그의 '관계 능력'을 볼 수 있었습니다.

---

82 라인홀드 니부어,《도덕적 인간과 비도덕적 사회》, 이한우 옮김, 문예출판사, 1992, 238쪽.
83 라인홀드 니부어,《도덕적 인간과 비도덕적 사회》, 이한우 옮김, 문예출판사, 1992, 236쪽.
84 마르틴 부버,《나와 너》, 표재명 옮김, 문예출판사, 1993, 52쪽.

일상생활에서 산초 판사를 지배의 '대상'[85]으로 취급하지 않고 동등한 인격체로 존중하였던 돈키호테. 이 '라만차의 사나이'는 대화를 나눌 때마다 산초를 수많은 남자들 중의 한 사람인 '그 남자'[86]로 생각한 것이 아니었습니다. 단지 '그 남자'나 '그것'[87] 정도로만 생각했다면 산초는 언제나 돈키호테의 일을 도와주는 것 외에는 별다른 의미를 찾을 수 없는 돈키호테의 주변 인물로 머물렀겠지요. 그러나 마르틴 부버의 말처럼 돈키호테는 산초를 '그 남자'나 '그것'이 아닌 '너'로 맞이했습니다. 인생의 반려로 받아들이고 '온 존재를 기울여'[88] 산초의 말을 경청했습니다.

마르틴 부버가 두 사람의 대화를 지켜본다면 돈키호테는 '나'의 한마디 말을 던지기 전에 '너'의 두 마디 말에 먼저 귀를 기울이는 사람으로 부버에게 비추어질 것입니다. 나와 너의 대화에서 때로는 '침묵'이 '너'를 '나'의 자기중심적 생각 속에 가두지 않고 '너'의 상황을 이해하는 인격적 대화를 가능하게 한다고 부버는 생각했으니까요.[89]

돈키호테의 침묵 속에 흐르는 소리 없는 말의 물줄기를 부버가 짚

---

85 마르틴 부버, 《나와 너》, 표재명 옮김, 문예출판사, 1993, 19쪽.
86 마르틴 부버, 《나와 너》, 표재명 옮김, 문예출판사, 1993, 13쪽.
87 마르틴 부버, 《나와 너》, 표재명 옮김, 문예출판사, 1993, 6~9쪽.
88 마르틴 부버, 《나와 너》, 표재명 옮김, 문예출판사, 1993, 6쪽.
89 마르틴 부버, 《나와 너》, 표재명 옮김, 문예출판사, 1993, 52쪽.
   "응답이 강력하면 할수록 그만큼 강력하게 '너'를 속박하고, '너'를 대상이 되도록 얽매고 만다. 오직 '너'에 대한 침묵만이, 모든 언어의 침묵, (……) 침묵의 기다림만이 '너'를 자유롭게 해준다."

어본다면 다음과 같이 독자에게 옮겨주지 않을까요?

"나(돈키호테)에게는 산초를 지배하려는 욕망이 없었습니다. 나는 자기중심적인 아집我執의 감옥을 부수고 자유의 길을 걸어가면서 산초를 진정한 벗으로 삼았습니다. '너(산초 판사)'의 입장에서 '너'의 상황을 이해하고 '너'의 생각에 공감하려고 노력했습니다. 내 인생의 '너', 산초에게 진정한 '응답'의 마음을 주기 위해 나는 '온 존재를 기울여' 상호관계의 꽃밭을 가꾸었습니다. 진실한 우정의 꽃이 시들지 않는 그 꽃밭에서 인격의 빛과 존엄성의 향기를 만끽하는 것이 내 인생의 또 다른 꿈입니다."

"인간의 정신은 '나'의 안에 있는 것이 아니며
'나'와 '너' 사이에 있는 것이다."

– 마르틴 부버, 《나와 너》 중에서

"자유란, 하늘이 인간에게 선사한
가장 소중한 선물이라네.
자유란, 땅이 숨겨놓고
바다가 덮어놓은 다른 보석들과는
비교조차 할 수 없을 만큼 귀한 보석이라네.
자유가 있기 때문에 인생의 모험을
주저하지 않는 것이라네."

– 미겔 데 세르반테스, 《돈키호테》 중에서

제4장
황무지를 옥토로 바꾸는 인간의 의지

하이데거와 야스퍼스의 눈으로 읽는 펄 벅의 《대지》

■ 《존재와 시간》과 《대지》

하이데거가 말하는 '인간'

철학의 영역을 넘어서 심리학, 신학, 언어학, 그리고 '현대 텍스트 이론'과 같은
여러 분야의 현대 사상에 영향을 미친 철학자 하이데거.
20세기 실존주의의 대표자로 꼽히는 그가 말하는 '인간'이란 무엇인가?

마르틴 하이데거(Martin Heidegger, 1899~1976)

절망의 망망대해에 '내던져진' 인간.
'한계'라는 격랑에 부딪쳐 고통받는 인간.
그러나 고통의 폭풍우를 온몸으로 견뎌내고
격랑을 뚫고 나갈 수 있다는 '가능성' 속으로
자신의 모든 인생을 '내던지는' 인간.
그가 바로 '당신'입니다.

01

/

중국과 미국의 정신적 혼혈 작가, 펄 벅

1938년, '노벨 문학상'의 영예를 안았던 미국의 여류 작가 '펄 벅 Pearl S. Buck'. 그의 소설 《대지Good Earth》는 '왕룽 일가'의 가족 이야기를 통해 청나라 말기에서 오늘의 중화인민공화국이 세워지기까지 중국의 근현대사를 보여줍니다. 펄 벅의 아버지는 중국 선교사였습니다. 물론 국적은 미국이었죠. 펄 벅은 아버지 덕분에 어린 시절을 중국에서 보내며 중국인들의 정서와 문화에 누구보다도 밝은 사람이 되었습니다.

펄 벅이 중국어에 능통한 것은 당연한 일이었습니다. 1892년 웨스트버지니아 주의 '힐스보로'에서 태어난 지 3개월 만에 부친을 따라 중국의 양쯔강揚子江 연안 마을 '진강秦腔'으로 건너가 18년 동안 그곳에서 살았으니까요. 미국으로 이주하여 인생의 터전을 개척한 한국인

중국 양쯔강 하류 연안에 위치한 도시 진강의 전경. 작가 펄 벅의 실제적인 고향이다.

작가 펄 벅의 가족사진. 맨 왼쪽의 소녀가 펄 벅이다.

을 한국계 미국인이라고 말하듯이 펄 벅은 걸음마를 하기 전부터 중국의 흙 속에 인생의 뿌리를 내린 미국계 중국인이었습니다.

옹알이를 할 무렵부터 열여덟 살에 버지니아 주의 랜돌프 메이컨 여자대학교에 입학하려고 귀국하기까지 중국인들과 어울려 살았으니 중국은 펄 벅의 고향이나 다름없는 곳이었습니다. 미국의 서양 문화를 경험하기 전까지는 중국만이 문화의 터전이며 인생의 현장이었습니다. 랜돌프 메이컨 여자대학교에 첫발을 내딛는 순간 자신이 중국인 유학생같은 기분이 들었다고 회고할 정도였으니까요. 한국의 문화적 용어를 빌려 말한다면 젊은 시절의 펄 벅을 '다문화 가정의 미국인'이라고 말할 수 있겠지요. 펄 벅은 중국인보다 더 중국의 문화를 잘 알고 중국인보다 더 중국의 땅을 사랑한 미국인이었습니다.

펄 벅의 아버지는 선교사들 중에서도 사명이 남다른 사람이었나 봅니다. 같은 미국인 선교사들이 대부분 그들만의 '선교사 마을'에 모여 살면서 중국인과 주거지를 달리했지만, 펄 벅의 아버지는 중국에 정착할 때부터 일부러 중국인 마을로 들어가서 살았다고 합니다. 유구히 흘러가는 양쯔 강과 강변 너머 펼쳐지는 광활한 '대지'는 불후의 소설《대지》를 낳는 모태가 되었습니다.

세계적인 베스트셀러《대지》의 작가 펄 벅. 미국 여성작가 최초로 1938년 노벨 문학상을 수상했다.

기독교 선교 때문에 바깥에서 활동했던 펄 벅의 아버지를 대신하여 자녀교육은 언제나 어머니의 몫이었습니다. 어린 딸에게 어머니는 미국의 역사 이야기를 풍부히 들려주었다고 합니다. 중국에서 살더라도 조상의 역사를 모른다면 정체성이 불투명한 아이로 자랄 것이라는 우려 때문이었습니다.

유년 시절 펄 벅의 재미를 쏠쏠하게 만드는 역사 이야기들 중에는 19세기 서부 개척 시대의 이야기와 1860년대 '남북전쟁' 이야기가 섞여 있었다고 합니다. 황무지를 개간하고 광맥을 캐면서 현대문명의 기틀을 다진 미국 조상들의 분투가 어린 펄 벅의 마음을 움직였나 봅니다. 어머니에게서 들었던 미국 조상들의 개척 정신은 작가가 인생의 어려움을 이겨내는 데 큰 힘으로 작용하였고, 그들의 프런티어 Frontier 정신은 자연스럽게 소설《대지》의 주인공 왕룽에게 투영되었을 것입니다.

02

/

왕룽의 프런티어 정신과 불굴의 의지

펄 벅의 어린 시절에 중국인 유모에게 들었던 수많은 중국의 이야기들도 소설《대지》를 구성하는 중요한 요소입니다. 유모가 들려주는 이야기 속에는 중국인들의 노력과 애환이 녹아 있었습니다. 포근한 노래처럼 흐르는 유모의 이야기 속에서 언뜻언뜻 비치는 중국인들의 이미지는 어떤 것이었을까요? 거듭되는 실패의 가시밭길을 걸어가면서도 절망의 가시덤불을 헤치고 불모不毛의 땅을 생명의 땅으로 바꾸어가는 아름다운 의지의 주인공들이 중국인들이었습니다. 꺾일 줄 모르는 그들의 의지가 생명의 씨앗이 되어 어린 펄 벅의 가슴에서 문학의 싹을 틔웠습니다.

미국 조상들이 펄 벅에게 남겨준 강인한 개척 정신은 중국 민중의 끈질긴 의지와 자연스럽게 결합합니다. 펄 벅이 미국인 어머니와 중국인 유모에게서 각각 개별적으로 받아들인 미국과 중국의 긍정적 요소들이 문학적 상상력을 통해 한 몸으로 녹아든 인물이 소설《대지》의 주인공 왕룽이라고 말할 수 있습니다. 그렇다면 훌륭한 문학작품의 주인공은 민족과 인종과 언어와 문화의 경계를 초월하는 보편적 인간의 얼굴을 가진 것으로 볼 수 있겠지요.

1931년 출판된 소설《대지》의 초판본 표지.

1931년에 발표된 소설《대지》는 바로 그 해에 미국의 문학상 중 가장 권위 있는 퓰리처상Pulitzer賞을 수상했습니다. 이 소설은 제1부 〈대지The Good Earth〉, 제2부 〈아들들Sons〉, 제3부 〈분열된 집안A House Divided〉의 총 3부작으로 구성되어 있습니다. 1932년과 1935년에 각각 발표된 〈아들들〉과 〈분열된 집안〉은 제

구스타브 스웨덴 국왕이 작가 펄 벅에게 노벨 문학상을 수여하고 있다.

1부 〈대지〉의 속편 형식으로 공개되었습니다. 이 속편은 소설의 완결판으로 1938년 펄 벅의 머리 위에 '노벨 문학상'이라는 월계관을 씌워 주었습니다.

소설의 이야기는 북방 중국인 '왕룽'의 가족을 중심으로 펼쳐집니다. 가난한 농부의 아들 왕룽은 태생적으로 성실한 사람입니다. 게다가 농부의 피를 물려받아서 그런 것인지 그는 땅과 흙을 몹시 사랑하

영화 〈대지〉의 한 장면. 1937년에 미국에서 흑백 영화로 만들었다. 왕룽은 폴 무니, 오란은 루이제 레니가 연기했다.

는 기질을 타고났습니다. 왕룽의 천직天職이 농업이라는 것을 생각한다면 펄 벅이 소설의 제목을 '대지'로 정한 것은 아주 적절한 설정이었다고 생각됩니다. '대지'라는 공간 배경과 함께 왕룽, 그의 아들, 그리고 손자에까지 이어지는 삼대三代의 이야기는 한 가문의 가족사를 통해 중국 근대사近代史의 흐름과 진정한 인생의 의미를 보여줍니다.

우리가 알고 있는 역사적 사건들의 명칭과 내용은 이 소설에 등장하지 않지만 의화단義和團 사건·청일淸日 전쟁·신해혁명辛亥革命 등 19세기 말부터 20세기 전반에 이르는 격변기이 흐름에 반응하는 중국 민중의 애환을 느낄 수 있습니다. 그러나 무엇보다도 가슴 뭉클하게 읽을 수 있고 인생의 교훈을 배울 수 있는 이야기는 주인공 왕룽의 인생 여정입니다.

왕룽의 발길에서 불모지를 옥토로 바꾸는 프런티어 정신이 발견됩니다. 왕룽의 손길에서 서부의 황무지를 개척하던 미국인들의 땀방울이 느껴집니다. 흉년과 함께 찾아온 기근을 피해 살아남으려고 남부의 도시로 이주하지만, 땅과 흙에 대한 애착을 버리지 못하고 다시 본래의 터전으로 돌아오는 왕룽. 그는 프런티어 정신으로 똘똘 뭉친 '가능성'의 소유자였습니다. 99퍼센트의 실패 속에서도 1퍼센트의 성공

가능성을 발견하여 그것을 자신의 전 재산처럼 움켜쥐고 '가능성' 속에 피와 땀을 남김없이 쏟아붓는 중국의 프런티어. 그가 바로 왕룽이었습니다.

"남부의 도시에서 이곳으로 돌아왔을 때 왕룽의 마음에 쌓였던 병을 고쳐 주고 그곳에서 견뎌왔던 고통을 위로해준 것은 대지였다. 예전에도 그랬지만 지금도 왕룽은 검게 물든 논과 밭의 땅으로부터 마음의 상처를 치유 받을 수 있었다. 발바닥에 스며드는 눅눅한 흙의 기운을 느꼈다. 밑씨를 뿌리려고 땅을 파서 일으켜 놓은 논두렁에서 솔솔 피어오르는 흙의 향기를 마셨다. 왕룽은 하인들을 다그쳐 일을 시키고 이곳저곳 가릴 것 없이 쟁기로 갈고 하루 종일 무서울 정도로 일에만 빠져 있었다."
- 펄 벅의 《대지》 중에서

여느 문학작품의 주인공과 마찬가지로 왕룽의 인생도 결함과 실패로 얼룩진 '불완전'의 대명사입니다. '오이디푸스 왕'[90]과 '엘렉트라'[91] 같은 그리스 비극의 주인공들이 인간의 한계에서 비롯된 '판단의 실수hamartia'때문에 죄의 올무에 얽매이고 슬픔의 늪에 빠지듯이 왕룽도 판단의 잘못으로 인해 가족관계에 갈등의 그림자를 드리웁니다.

---

90 그리스 비극 작가 소포클레스의 대표적 희곡 《오이디푸스 왕》의 주인공.
91 그리스 비극 작가 소포클레스와 에우리피데스의 동명(同名) 희곡 《엘렉트라》의 주인공.

그러나 독자가 왕룽에게서 배울 수 있는 교훈의 빛이 사파이어처럼 영롱합니다. '흙'을 터전으로 삼아 고통의 폭풍우와 맞서 싸우며 역경의 쓰나미를 뚫고 나가는 왕룽의 인생에서 우리는 철학자 마르틴 하이데거Martin Heidegger와 카를 야스퍼스Karl Jaspers가 강조했던 '실존'의 모습을 보게 됩니다.

03

/

'가능성' 속으로 모든 것을 내던지는 인간

실존주의 철학의 거장으로 알려진 마르틴 하이데거. 그는 '인간'을 어떤 눈길로 바라보았을까요? 하이데거의 인간관人間觀을 거울삼아 왕 룽의 인생을 비추어보는 것도 소설《대지》의 문학적 깊이를 헤아려보는 방법이 될 것입니다. 하이데거가 생각하는 '인간'을 이해하려면 그의 명저《존재와 시간Sein und Zeit》[92]을 읽어볼 필요가 있습니다.[93] 하이데거는 '인간'을 자신이 선택하지도 않고 만들지도 않은 세계로 자기 뜻과는 무관하게 '내던져진geworfen'[94] 존재라고 이야기합니다.[95]

---

92 마르틴 하이데거,《존재와 시간》, 이규호 역, 청산문화사, 1974. 참조.
93 박찬국,《하이데거의 '존재와 시간' 읽기》, 세창미디어, 2013. 참조.
94 한국의 철학계에서는 '피투(被投)'로 번역되어 있다.
95 발리스 듀스 지음,《현대사상》, 남도현 옮김, 개마고원, 2002, 56쪽. 참조.

독일의 철학자 카를 야스퍼스. 그의 최대의 저서인 《철학》(3권)을 펴내 실존철학을 체계적으로 전개하였다.

누구에게나 예외 없이 주어진 이러한 '내던져짐Geworfenheit'의 상황을 소설 《대지》의 주인공 왕룽도 똑같이 경험합니다. 왕룽이 '내던져진' 중국의 땅은 가난하고 척박한 세계입니다. 이 땅에서 그는 불완전한 인간으로 돌파하기 어려운 '한계'의 가시덤불을 만납니다.

카를 야스퍼스가 말한 것처럼 왕룽의 인생은 '한계상황Grenzsituation'의 격랑激浪을 만나 좌절하는 고통 속에서 절망적인 '난파難破'를 경험합니다.[96] 그러나 왕룽은 '한계'의 험한 파도를 회피하려는 현실도피자가 아니었습니다. 그는 한계를 인정하되, 한계를 똑바로 응시하면서 자신의 내면 깊은 곳에 잠들어 있는 '의지'를 깨우고 일으켜 세웠습니다.

왕룽의 굽힐 줄 모르는 '의지'는 펄 벅의 자전적 체험과 깊은 관련이 있습니다. 그도 이상이나 카프카와 마찬가지로 순탄한 인생의 주인공은 아니었으니까요. 《대지》를 집필하던 시절, 펄 벅에게는 많은 돈이 필요했습니다. 첫딸 때문이었습니다. 펄 벅의 딸아이는 세 살이 되어도 말을 할 줄 모르는 정신지체아였습니다. 《대지》에 등장하는 왕룽의 딸이 바로 펄 벅 자신의 첫아이를 문학적으로 변형시킨 인물

---

96 발리스 듀스 지음, 《현대사상》, 남도현 옮김, 개마고원, 2002, 63쪽. 참조.

입니다. 딸아이의 장래에 대한 그녀의 염려는
고스란히 왕룽의 근심으로 이어집니다.

"오랫동안 왕룽은 정신박약의 딸을 염려하며
그 아이의 장래에 대해 노심초사했었다. 아비가
죽은 뒤에는 딸이 죽든 살든 아무도 신경 쓰지 않
을 것이 분명하기 때문이다. 이렇게 근심하던 왕
룽은 약국에서 흰색의 독약을 사 가지고 왔다. 자
신의 임종이 다가오면 딸에게 먹이려는 생각이
었다. 그러나 자신이 죽는 일보다 더 두려운 그
일을 어떻게 할 수 있다는 말인가?"
　- 펄 벅의 《대지》 중에서

실존주의 철학의 거장 마르
틴 하이데거. 당대의 대표적
인 존재론자였으며 유럽 대
륙 문화계의 신세대에게 큰
영향을 끼쳤다.

　아비가 세상을 떠난 다음에 남겨질 딸의 장래를 놓고 괴로워하는
왕룽의 마음은 바로 펄 벅의 마음입니다. 문학은 체험의 산물이며 인
생의 증인임을 실감하게 됩니다.
　"내가 이 세상을 떠난 뒤에도 딸아이가 험한 세상의 가시밭길을 헤
쳐 나가려면 많은 돈을 남겨 줘야 해."
　딸의 장래를 염려하는 마음 때문에 돈을 벌려는 펄 벅의 열망은 간
절해졌고 그것이 동기가 되어 소설의 창작을 시작했다고 합니다. 책
을 발간한 다음에 들어오는 인세 수입이 든든하다면 딸의 인생을 책

마르틴 하이데거의 실존주의 사상이 담겨 있는 그의 저서 《존재와 시간》. 하이데거의 연구 생활에 관한 전반부를 대표하는 저술이다.

임질 유산이 될 수 있으니까요. 물론 "글을 쓰지 않으면 죽을 것만 같은" 내면적 필연성 때문에 창작을 하는 것은 거의 모든 작가의 공통점이지만, 펄 벅의 경우는 가정의 사정도 집필의 중요한 동기로 작용한 것입니다.

딸을 향한 사랑, 중국인을 향한 사랑, 중국의 땅을 향한 사랑. 이 '사랑'의 3화음은 '가난'이라는 고난의 장벽을 넘어서기 위해 창작의 열정을 불사르는 작가의 에너지가 되었습니다. 왕룽의 고난을 통해 작가의 삶을 이해하는 것도 소설 《대지》에서 얻을 수 있는 보너스가 아닐까요?

야스퍼스의 눈길로 바라본다면 왕룽은 자신에게 닥치는 시련이 아무리 무겁다고 해도 '한계'의 높은 파도를 '초월'할 수 있다는 긍정적 마인드를 버리지 않았습니다. 한계가 무엇인지를 깨닫고 한계의 거울에 자신의 마음과 현실을 비추어 보면서 자신이 누구인지를 자각하고 이해하게 되었습니다. 자신에 대한 이해가 깊어질수록 한계를 초월하려는 의지가 점점 더 강해졌습니다.

하이데거의 말을 빌려 표현한다면 비록 앞이 보이지 않는 절망의 망망대해로 '내던져진' 왕룽이라고 해도 폭풍우를 헤쳐 나갈 수 있다

영화 〈대지〉에서 땅을 일구는 왕룽의 아내 오란.
희생적 인연을 보여주는 대표적인 인간상이다.

집필중인 펄 벅. 미국으로 돌아온 펄 벅은 집필활동과
더불어 인권사회운동에 전념했다.

는 '가능성' 속으로 자신의 모든 인생을 '내던지며Entwurf'[97] 전력투구
합니다. 왕룽은 야스퍼스와 하이데거가 말하는 '실존'의 모델이 아닐
까요?

　어니스트 헤밍웨이Ernest Hemingway의 소설 《노인과 바다》에서 주
인공 '산티아고'의 고백이 떠오릅니다.

　"인간은 패배하지 않는다. 차라리 죽을지언정 결코 패배란 없다."

　산티아고의 말 속에서 왕룽이 걸어 왔던 인간다운 '실존'의 길이 환
히 보입니다. '한계'라는 풍차가 막아설 때마다 그것을 뛰어넘으려는
시도와 노력을 포기하지 않는 돈키호테를 닮은 인물이 바로 왕룽이니
까요.

97　한국의 철학계에서는 '기투(企投)'로 번역되어 있다.

굽힐 줄 모르는 의지로써 역경의 모래바람을 뚫고 '땅'의 생명을 지켜내는 왕릉. 땅의 생명으로부터 자신의 생명을 키워 왔던 그가 돌아가야 할 본향本鄕 또한 땅입니다. 죽음을 눈앞에 둔 왕릉에게 마지막 남은 소망은 단 하나, 땅으로 돌아가는 일이었습니다.

라인홀드 니부어Reinhold Niebuhr의 눈으로 왕릉의 인생을 읽는다면 왕릉이 마지막으로 지향한 '궁극적 가치'[98]는 땅에 귀의歸依하여 한 줌의 흙이 되어 땅과 한 몸으로 살아가는 것이었습니다. 그가 인생의 전폭적 의미를 부여했던 터전도 땅이었고, 영원히 쉬고 싶은 본향도 땅이었습니다. 왕릉의 일생이 고난의 연속이었다고 해도 삶의 터전이자 생업의 현장인 땅을 본향으로 삼았다면 그는 인생 노트의 마지막 페이지에 '행복'이란 두 글자를 새긴 남자가 아닐까요?

임종하는 자리에서 땅을 팔려고 의논하는 아들들에게 왕릉은 유언을 남깁니다.

"땅을 팔기 시작하면 우리 집안은 그것으로 마지막이야. 우리는 땅에서 태어났단다. 그러니 땅으로 돌아가야만 한단다."

- 펄 벅의 《대지》 중에서

---

98 라인홀드 니부어, 《도덕적 인간과 비도덕적 사회》, 이한우 옮김, 문예출판사, 1992, 236쪽.

"너는 흙이니 흙으로 돌아갈 것이니라"[99]는 《성경》의 말이 떠오릅니다. 근원에서 나온 자는 근원으로 돌아갈 수밖에 없다는 《성경》의 인생관이 왕룽의 말 속에도 짙게 배어 있습니다. 어린 시절부터 기독교 문화의 가정에서 성장했던 작가의 세계관을 숨길 수가 없습니다. 아들들에게 남긴 왕룽의 유언은 '땅'을 떠나서는 살 수 없는 인간의 숙명과 본향에 귀의하려는 인간의 의지를 말해줍니다. 바로 이 마지막 장면에서 마르틴 하이데거가 말했던 '실존'의 등불이 타오릅니다.

내던져진 현실의 공간에서 한계의 광풍에 부딪혀 고통의 병을 앓을 수밖에 없는 '현존재現存在'가 곧 인간이라는 것을 우리는 이미 왕룽의 험난한 인생을 통해 확인할 수 있었습니다. 그러나 하이데거는 인간다운 삶을 의미하는 '실존'을 어디에서 찾았던가요? 한계의 폭풍우를 뚫고 나갈 수 있는 '가능성' 속으로 자신의 존재 전부를 '내던지는' 행위에서 진정한 '실존'을 발견하지 않았던가요? 한계 저 너머에 있는 '본향' 같은 근원의 세계로 돌아가기 위해 최선을 다하는 것이 인간의 '실존'임을 하이데거는 말하지 않았던가요?

인간의 근원이 땅이며 흙이라는 것을 믿고 있는 왕룽. 그는 인간의 한계로 인해 직면하는 온갖 고난의 풍파를 넘어 어머니의 모태를 닮은 본향의 세계로 돌아갑니다. 왕룽은 땅이 어떤 세계인지를 그의 언어로 명확하게 규정하지 못합니다. 땅의 본질을 인식할 수도, 규명할

---

99 〈창세기〉3장 19절,《성경전서》개역개정판, 대한성서공회, 1998, 4쪽.

수도 없는 것이 인간의 태생적 한계가 아닐까요?

일찍이 이러한 한계를 알고 있었던 칸트는 인간의 '오성悟性'으로는 '물物 자체Ding an sich selbst', 즉 사물의 본질을 인식할 수 없다고 말했었지요. 그러나 인간이 땅의 본질을 알 수는 없다고 해도 결국은 만물이 땅으로 돌아간다는 이치는 누구나 알고 있는 진실입니다. 인간이 자연에 속하는 일부라는 것도 부인할 수 없는 사실입니다.

그렇다면 인생의 마지막 무대에서 '땅'의 품속에 안기는 것을 기쁘게 받아들이는 것이 우주의 자연법칙을 따르는 '인간다운 인간의 길'이 아닐까요?

하이데거는 그의 저서 《존재와 시간Sein und Zeit》에서 "인간은 자신을 선택하고 포착하는 자유를 향해 열려 있다"[100]고 말했습니다. 그의 말에 비추어 본다면 자연의 순환질서에 순응하는 것은 본능적 행위가 아닙니다. 그것은 돈과 지위와 문명에 대한 모든 집착과 욕망을 허허로이 떨쳐버리고 본향으로 귀향하려는 선택이며 '실존'의 의지입니다. 땅으로 돌아가서 흙의 분신으로 살아가려는 왕릉의 의지. 그것은 흙 속에서 피어나는 '실존'의 꽃입니다.

---

100 박찬국, 《하이데거의 '존재와 시간' 읽기》, 세창미디어, 2013, 106쪽. 참조

"인간은 자신을 선택하고
포착하는 자유를 향해 열려있다."

– 마르틴 하이데거, 《존재와 시간》 중에서

"우리는 땅에서 태어났단다.
그러니 땅으로 돌아가야만 한단다."

– 펄 벅, 《대지》 중에서

제5장

기다림과 희망의 변주곡,
그것이 인생이다

알베르 카뮈의 눈으로 읽는 사뮈엘 베케트의 《고도를 기다리며》

■ 《시지프스의 신화》와 《고도를 기다리며》

사뮈엘 베케트가 말하는 '인간'

인간의 삶에 대한 부조리를 독특한 문체와 방식으로 표현해 '현대 부조리극의 창시자'로
불리는 소설가이자 극작가 사뮈엘 베케트. 희망을 찾기 어려운 세상 속에서 살아가는
모든 인간에게 '기다림'의 의미를 일깨워 준 그가 말하는 '인간'이란 무엇인가?

사뮈엘 베케트(Samuel Beckett, 1906~1989)

기다림이 없는 시간은

햇빛이 없는 대지와 같습니다.

기다림을 잃은 언어는

아무도 살지 않는 집과 같습니다.

기다림을 포기한 인생은

맥박이 멈춘 심장과 같습니다.

기다림의 자리를 떠나지 않는 인간은

행복의 해안을 향하여

항해를 멈추지 않는 배와 같습니다.

01

/

반복의 순환궤도를 돌고 있는
인간의 역사

사뮈엘 베케트Samuel Beckett, 외젠 이오네스코Eugene Ionesco, 막스 프리쉬Max Frisch, 프리드리히 뒤렌마트Friedrich Dürrenmatt. 세계 연극사에서 한 획을 그었던 작가들입니다. '부조리극不條理劇'을 대표하는 작가들이라고 말할 수 있습니다. 스위스 작가 막스 프리쉬의 희곡《만리장성》과 프리드리히 뒤렌마트의 희곡《로물루스 대제》를 들어보셨나요? 이 두 작품에서 인간의 '역사는 반복된다'는 메시지를 읽을 수 있습니다. 전쟁, 학살, 지배, 억압, 수탈, 착취 등이 고대에서 현대에 이르기까지 그치지 않고 있으니까요.

강대국은 세계 지배의 패권을 장악하기 위해 휴머니즘을 가장한 그럴듯한 명분을 내세워 약소국을 침공하거나 지배하는 것을 반복하고 있습니다. '이라크 전쟁'이 뚜렷한 예가 될 것입니다. 석유를 통해

팔레스타인계 미국인 학자 에드워드 사이드. 그의 대표적인 저서로 《오리엔탈리즘》이 있다.

막대한 경제적 이익을 거두려는 욕망 때문에 '유엔 안전보장이사회' 회원국들의 반대를 무시하면서까지 무리하게 전쟁을 감행했던 커다란 과오過誤는 미합중국의 역사책에 반드시 기록되어야 할 '속죄'의 대상입니다.

'UN 이라크 무기사찰단'의 일원으로 이라크에서 직접 '대량살상무기'의 존재 여부를 사찰했던 스콧 리터Scott Ritter는 대량살상무기가 존재하지 않는다는 사실이 드러났음에도 아랑곳없이 이라크 침공 명령을 내린 미합중국 대통령과 영국 총리를 '나치'와 다름없는 전쟁 범죄자들이라고 비난하였습니다.

"조지 부시와 토니 블레어는 침략 전쟁을 계획하고 저지른 범죄에 대해 유죄입니다."

스콧 리터의 증언이 시사하듯 2003년 '이라크 전쟁(제2차 걸프 전쟁)'[101]을 주도했던 미합중국의 통치자가 세계 평화와 중동 지역의 민주주의를 명분으로 내세웠던 정치 플레이는 서양 열강의 권력자들이

---

101 UN이 이라크 정부와 협의를 체결하여 이라크 내부의 '대량살상무기' 사찰을 시행한 결과 대량살상무기를 보유하지 않은 것이 확인되었는데도 미합중국 정부는 영국 정부와 동맹을 맺고 '이라크 침공'을 감행하였다. 이에 UN 사무총장 '코피 아난'은 강한 유감을 표명하였다. 2004년 10월, 미합중국 정부가 파견한 조사단이 "이라크에 대량 살상 무기는 존재하지 않는다"라는 마지막 보고를 제출하였음에도 미합중국 정부는 전쟁을 중단하지 않았다.

전통적으로 사용해왔던 정치 수법입니다.[102] '역사가 반복된다'고 생각하는 사람들의 주장을 입증할 수 있는 사례가 아닐까요?

연극 〈고도를 기다리며〉의 한 장면. 왼쪽의 포조가 오른쪽의 럭키에게 명령하는 모습을 멀리서 에스트라공과 블라디미르가 지켜보고 있다.

물론 군대를 동원하여 무력으로 전쟁을 일으키는 만행의 빈도수는 줄어들고 있습니다. 그러나 미국의 진보적 사상가 에드워드 사이드Edward W. Said[103]가 비판한 것처럼 동양의 문명과 문화는 서양의 그것에 비해 열등하다는 '오리엔탈리즘'[104]식의 서구 중심적 세계관을 토대로 하여 약소국을 문화적 식민지로 만들고 '문화지배'를 통해 정치와 경제 양 방면의 이득을 취하는 현상이 점점 더 뚜렷해집니다. 반복의 궤도를 돌고 있는 현상입니다.

국가 간의 관계는 둘째로 하고서라도 우선 개별 국가의 내부 사정을 들여다볼까요? 정치권력을 장악한 1인이 독재체제를 구축하는 현상은 여전히 사라지지 않고 있습니다. 지식인이 권력자에게 정치적 명분과 이데올로기를 만들어주고, 그 보답으로 든든한 지위와 금전을

102 송용구, 《독일 현대문학과 문화》, 들꽃, 2006, 76~77쪽. 참조.
103 에드워드 사이드(Edward W. Said): 예루살렘에서 출생한 팔레스타인 출신의 미국 사상가. 그가 1978년에 발표한 저서 《오리엔탈리즘》은 동양에 대한 서양인들의 서구중심적 동양관을 비판한 명저로서 그의 '오리엔탈리즘' 사상을 피력한 책이다. 그의 사상은 특히 '탈식민주의'의 발전에 크게 기여했다.
104 에드워드 사이드, 《오리엔탈리즘》, 박홍규 옮김, 교보문고, 2007. 참조.

소유하는 비뚤어진 '공생'의 관계가 과거에서부터 지금까지 반복되고 있습니다.

오늘 우리가 만나게 될 사뮈엘 베케트의 희곡《고도를 기다리며En attendant Godot》[105]에 등장하는 '포조'와 '럭키'도 각각 권력자와 지식인으로서 기형적畸形的 공생의 관계를 반복하는 인류의 역사를 비추어 줍니다.

희곡《고도를 기다리며》에서 지배를 상징하는 '밧줄'로 럭키의 목을 개처럼 묶은 채로 끌고 다니는 포조. 그를 독재자의 전형으로 볼 수 있지 않을까요? "생각해, 이 돼지 같은 놈아!"[106]라고 명령하는 포조에게 수많은 지식을 끊임없이 열거하며 '생각'의 파노라마를 펼쳐 보이는 럭키. 그를 정치권력에 예속된 지식인의 모델로 보는 것은 어떨까요? '생각'을 강요하는 포조의 명령에 복종하여 럭키의 입에서 흘러나오는 지식들은 또 무엇을 상징할까요? 그 지식들은 권력자의 독재와 통치를 정당화시켜주는 이데올로기의 재료들이 아닐까요?

'생각을 헌납하라'는 고압적 명령에 부응하는 럭키의 언어는 역사적으로 반복되어 왔던 권력자와 지식인의 부적절한 수직적 관계를 현실의 수면 위로 떠오르게 합니다. 어디 그뿐인가요? 정치권력과 자본

---

105 '부조리극'의 시대를 개막한 것으로 평가받는 아일랜드 출신의 작가 사뮈엘 베케트(Samuel Beckett)가 프랑스어로 창작한 희곡. 1969년 이 작품으로 베케트는 '노벨 문학상' 수상자로 선정되었지만, 시상식 참가와 일체의 인터뷰를 거부했다.
106 사뮈엘 베케트,《고도를 기다리며》, 오증자 옮김, 민음사(세계문학전집 43), 2000, 68쪽.

권력이 결탁하여 부富의 불균형과 사회의 불평등 구조를 고착시키는 나라들이 아직도 다수입니다. 인간의 역사책에서 좀처럼 지워지지 않는 '반복'의 현상입니다.

막스 프리쉬는 역사가 반복되는 구조를 인식하였으나 이 반복의 순환고리를 끊을 수 없다고 생각했습니다. 부조리한 상황 속에 갇혀 있는 인간의 왜소한 모습을 보았던 것입니다.

그의 희곡《만리장성》에 등장하는 인물들 중에는 '알렉산더 대왕', '진시황', '나폴레옹' 같은 정복자들이 눈에 띕니다. 그들이 생존했던 시대는 무려 2천 년의 차이를 나타냅니다. 그럼에도 이 작품에서 시대의 간격은 큰 의미가 없습니다.

스스로 황제의 자리에 올라 프랑스의 공화주의 체제를 제정帝政의 체제로 타락시켰던 '나폴레옹'은 유럽의 각국을 침략하는 명분으로 '자유, 평등, 박애'를 악용하였습니다. 세계 지배의 야욕으로 눈이 먼 군국주의자가 프랑스 대혁명의 이념을 전파하는 해방자로 둔갑하다니 참으로 어처구니없는 모순이 아닐까요? 프랑스의 정치와 역사를 퇴보시킨 장본인이 오히려 진보적인 혁명주의자처럼 행세했으니 말입니다.

음악의 성인聖人 베토벤이 나폴레옹에게 헌정했던 교향곡 3번 〈보나파르트〉의 겉장을 찢어버리고 교향곡의 이름을 〈영웅Eroica〉으로 고친 것은 유명한 일화입니다. 프랑스 대혁명의 정신을 계승하는 혁명주의자로 믿었던 나폴레옹이 패권주의자의 본색을 드러냈으니 그

오른쪽은 희곡 《만리장성》의 작가 막스 프리쉬, 왼쪽은 희곡 《로물루스 대제》의 작가 프리드리히 뒤렌마트이다.

를 향한 베토벤의 존경이 환멸로 변한 것입니다. 그런데 19세기에 생존했던 나폴레옹의 이러한 침략과 독재는 2천 년 전에 세계를 말발굽 아래 호령했던 알렉산더 대왕과 진시황의 재현이라는 것이 작가 막스 프리쉬의 생각입니다. 희곡 《만리장성》의 해설자인 '현대인'은 연극 무대 위에서 관객을 향해 작중인물들을 직접 소개하면서 알렉산더 대왕을 나폴레옹으로 바꾸어도 아무런 지장이 없다고 말합니다. '역사는 반복된다'는 작가의 역사관을 우리에게 확인시켜 주는 장면입니다.[107]

또 다른 스위스 작가 프리드리히 뒤렌마트의 견해를 들어볼까요? 뒤렌마트도 '역사는 반복된다'는 생각만큼은 프리쉬와 같았습니다. 그의 대표적인 희곡 《로물루스 대제》에서 주인공 '로물루스'는 로마제국의 마지막 황제로 등장합니다. '로물루스'라는 이름은 우리에게 생소하지 않습니다. 로마를 건국한 사람이니까요. 늑대의 젖을 먹고 자랐다는 신화적 전설로도 유명합니다. 그런데 로마를 세운 로물루스는 뒤렌마트의 작품에서 로마의 역사를 종결시키려는 '로물루스 대제'로 변신합니다.

---

107 송용구, 《독일 현대문학과 문화》, 들꽃, 2006, 78쪽. 참조.

침략과 학살과 약탈 등의 잔학殘虐한 죄악의 행위로 '피의 제단'을 쌓아왔던 로마 제국. 이 나라의 비인간적 역사가 반복되는 것을 막기 위해서는 나라를 멸망시켜야 한다고 생각한 로물루스 대제는 게르만족의 침입에 맞서 아무런 방어도 지시하지 않은 채, 한가로이 '닭'의 모이만 줍니다. 겉으로 보기에는 매우 한심한 왕처럼 비춰집니다. 게르만족의 수장 '오도아케르'에게 의도적으로 나라를 헌납하려는 현자賢者 로물루스 대제. 그의 생각은 매우 인간적이고 지혜롭습니다.

그러나 로물루스 대제의 사려 깊은 계획은 물거품으로 돌아갑니다. 로마 제국의 종말과 함께 죄악의 역사가 반복되는 사슬을 끊으려고 했지만, 로마에 버금가는 무력의 철퇴로 유럽을 살육의 도가니에 가둬 놓을 게르만족의 나라가 들어서고 말았으니까요. 제국의 이름만 바뀌었을 뿐이지 인간성을 배반하는 역사의 수레바퀴는 '반복'의 노선을 순환하게 된 것입니다.

주인공 로물루스 대제는 역사를 반복시키는 근본적 실체가 무엇인지를 짐작조차 할 수 없습니다. 그러기에 자신이 그토록 멸망시키려고 했던 제국이 간판만 바꿔 달고 또다시 죄악으로 점철된 역사의 순환궤도를 돌고 있는 것을 슬픈 눈길로 바라볼 수밖에 없습니다. 그 순환궤도를 단절시키지 못하는 자신의 무능과 한계를 스스로 조롱할 수밖에 없는 것입니다.

이처럼 프리드리히 뒤렌마트는 막스 프리쉬가 세계와 현실을 '인식할 수 있다'고 믿은 것과는 다르게 역사의 '반복'을 일으키는 메커니즘의 실체를 '인식할 수 없다'고 생각했습니다. 그러므로 세계를 개선하고 현실을 개혁한다는 것은 불가능에 가까운 일이 되고 맙니다. 뒤렌마트가 보기에는 세계와 역사를 움직이는 익명의 메커니즘에 의해 목각인형처럼 조종당하는 것이 인간의 현실입니다.

　'부조리극'의 대명사로 알려진 작가 사뮈엘 베케트도 이와 비슷한 생각의 소유자가 아닐까요? 그가 프랑스어로 창작한 희곡《고도를 기다리며》도 인간의 '부조리한 상황'을 말해주고 있으니까요.

02

/

인간이라면 누구나 고도를 기다린다

사뮈엘 베케트는 아일랜드의 더블린 근교에서 태어난 프랑스 극작가입니다. 트리니티 칼리지에서 프랑스어와 이탈리아어를 전공한 후에 프랑스로 건너간 베케트는 1928년 파리에 망명 중이던 아일랜드 작가 제임스 조이스James Augustine Aloysius Joyce[108]의 비서가 되었습니다. 영미英美 문학의 대부로 칭송받는 조이스와의 만남은 베케트를 훌륭한 작가로 성장시키는 자극제가 되었습니다.

베케트는 1937년 파리의 몽파르나스 근처에 거주하면서부터 '언어

---

108 제임스 조이스(1882~1941) : 아일랜드 출신의 소설가. 20세기 모더니즘 문학을 주도한 대작가로서 소설의 내용과 형식 양 방면에서 혁신을 이루었다는 평가를 받는다. 특히 '의식의 흐름'이라는 기법을 통하여 작중인물의 심리를 치밀하게 묘사하여 현대 '심리소설'의 선구자가 되었다. 대표작은 《더블린 사람들》, 《율리시즈》, 《젊은 예술가의 초상》이다.

1952년 미뉘 출판사에서 발행한 희곡 《고도를 기다리며》의 표지

의 장인匠人'이라는 비유가 어울릴 정도로 창작의 열정을 불태웠습니다. 제2차 세계대전 중에는 프랑스에서 친구들과 함께 나치에 항거하는 '레지스탕스' 운동에 참여하기도 했지만 1950년대까지 소설과 희곡의 창작에 변함없이 심혈을 기울였습니다.

특히 1948년에 집필을 시작하여 1952년 파리의 미뉘 출판사에서 출간한 희곡 《고도를 기다리며》는 실존주의 문학의 대표작이자 '부조리극'의 모델로 평가받고 있습니다. 베케트의 문학세계를 대변하는 작품이라는 것은 두말할 필요조차 없습니다.[109]

시인 릴케Rainer Maria Rilke는 《두이노의 비가》에서 "드넓은 모태에서 비좁은 세상으로 나왔다"고 탄식한 바 있습니다. 《고도를 기다리며》의 작중인물 '블라디미르'와 '에스트라공' 또한 좀처럼 개선될 기미가 보이지 않는 '비좁은 세상' 속에 내던져져 감옥에 갇힌 듯 유폐되어 있습니다. 사물과 세계를 언어로 정확하게 표현할 수 없기 때문에 작중인물들의 언어는 그들을 더욱 고독하게 만듭니다. 즉 사물의 본질과 세계의 본질을 인식할 수 없으므로 그들의 언어는 언제나 세계와 사물의 주변만을 맴돌다 사라집니다.

---

109 가메야마 이쿠오 외 지음, 《절대지식 세계문학》, 임희선 옮김, 이다미디어, 2005, 210쪽. 참조

에스트라공 : 멋진 경치로군. (블라디미르를 돌아보며) 자, 가자.

블라디미르 : 갈 순 없어.

에스트라공 : 왜?

블라디미르 : 고도를 기다려야지.

에스트라공 : 참 그렇지. 여기가 확실하냐?

(중략)

에스트라공 : 이리 오기로 돼 있는데.

블라디미르 : 딱히 오겠다고 말한 건 아니잖아.

에스트라공 : 만일 안 온다면?

블라디미르 : 내일 다시 와야지.

에스트라공 : 그리고 또 모레도.

블라디미르 : 그래야겠지.

에스트라공 : 그 뒤에도 죽.

블라디미르 : 결국 …….

에스트라공 : 그자가 올 때까지.[110]

    - 사뮈엘 베케트의 《고도를 기다리며》 중에서

부조리극의 모델로 알려진 《고도를 기다리며》의 테마는 '기다림'입니다. 《고도를 기다리며》는 2개의 막幕으로 구성되어 있습니다. '고도'

---

110 사뮈엘 베케트, 《고도를 기다리며》, 오증자 옮김, 민음사, 2000, 18~19쪽.

영국 웨스트요크셔 극장에서 공연된 연극 〈고도를 기다리며〉의 한 장면. 블라디미르와 에스트라공이 '고도'를 기다리고 있다.

공연 전에 리허설 장면을 지켜보고 있는 사뮈엘 베케트(왼쪽). 그는 자신이 쓴 연극 작품을 직접 연출하기도 했다.

라는 미지의 존재가 오기만을 갈망하는 블라디미르와 에스트라공의 기다림이 제1막과 제2막에서 반복되고 있습니다.

작품 속의 대화에서 알 수 있듯이 블라디미르와 에스트라공은 50년 동안 '고도'라는 존재를 기다려왔습니다. 어제도 기다렸고, 오늘도 기다리고 있으며, 내일도 그들은 '고도'를 기다릴 것입니다. 연극의 제2막이 끝난 뒤에 무대 한가운데 쓸쓸히 놓인 에스트라공의 신발이 '기다림'을 말해줍니다. 에스트라공이 지상에서 사라진다 해도 '신발'만은 언제나 그 자리에 남아 있을 것이라는 뜻이겠지요. 다시 말하여 누군가의 발에 신겨져서 고도를 기다리는 행위가 계속될 것임을 시사하는 것입니다.

역사는 발전하는 것이 아니라 반복되고 있다는 프리쉬와 뒤렌마트의 세계관을 베케트의 희곡에서 또다시 읽게 됩니다. 그러나 역사의 반복과 기다림의 반복에서 느낄 수밖에 없는 허망과 절망을 애써 떨쳐버리고 언제나 기다리던 바로 그 자리에 꼿꼿이 서서 '고도'를 기다리고 또 기다리는 블라디미르와 에스트라공의 희망과 의지! 우리가 캐내야 할 '인간다움'의 보석이 그 속에 깃들여 있습니다.

그들이 애타게 기다리는 고도는 누구일까요? 그를 50년 동안 기다려 왔지만 단 한 번도 오지 않았다면 기다림을 포기하고도 남을만합니다. 그러나 블라디미르와 에스트라공은 기다림을 포기하지 않습니다. 에스트라공의 말처럼 "그자가 올 때까지" 기다림의 숨소리는 멎지 않을 것입니다. 도대체 '고도'가 어떤 존재이기에 작중인물들은 '기다림'의 무대에서 퇴장하지 않는 걸까요?

여러 가지 의미로 해석될 수 있는 '고도'는 이상적 세계를 상징하는 존재라고 해도 틀린 말은 아닐 거예요. 사회의 모순들과 난제들을 해결해줄 수 있는 신적神的 존재로 볼 수도 있습니다. 모든 인간이 갈망하는 미래의 유토피아로 해석될 수도 있습니다. 세계와 역사를 개선할 수 있는 탈출구를 열어줄 영웅이 고도일 수도 있습니다. 사물의 본질을 인식할 수 있도록 이성의 빛을 깨워줄 완전한 현자賢者가 고도일지도 모릅니다. 사물의 본질과 정확하게 일치하는 이름과 언어를 가르쳐 줄 완전한 시인이 고도일 수도 있습니다. 자유와 평등 같은 정치적 이상일 수도 있고, 부족함 없는 빵과 식량일 수도 있습니다.

그렇다면 베케트가 생각하는 고도는 어떤 존재일까요? 베케트는 고도가 누구인지 혹은 어떤 세계인지 명확하게 규정하지 않습니다.

그는 좀처럼 인터뷰를 하지 않는 작가로 알려져 있습니다. 이 작품으로 1969년 노벨 문학상 수상의 영예를 안았으나 시상식에 가지도 않았고, 노벨 문학상과 관련한 일체의 인터뷰를 거부했던 특이한 작가입니다. 신문과 방송 등의 대중 매체들이 인터뷰를 통해 '고도'의 실체를 알아내려고 시도했지만 번번이 수포로 돌아갔습니다.

그러나 미국에서 〈고도를 기다리며〉가 처음 공연되었을 때 이 연극의 연출을 맡은 알랭 슈나이더는 베케트와 자연스럽게 만나는 자리에서 평소 가슴에 묻어 놓았던 궁금증을 털어놓았습니다.

"도대체 고도란 누구이며 또 무엇을 의미합니까?"

이 질문에 베케트는 다음과 같이 답변했다고 합니다.

"내가 그걸 알았더라면 작품 속에 썼을 것입니다."[111]

문학작품은 다층적多層的 시각으로 바라볼 수 있는 체험의 산물이기 때문에 단 하나의 측면만으로 규정될 수는 없습니다. 베케트의 답변에서 문학은 다양한 해석이 공존하는 '의식의 열린 세계'임을 이해하게 됩니다. 그러나 '고도'가 누구인지 명확히 말할 수 없는 데에는 또다른 이유가 있습니다.

---

111 사뮈엘 베케트, 《고도를 기다리며》, 오증자 옮김, 민음사, 2000, 164쪽.

03

/

부조리에 반항하는 인간의 기다림

1953년 1월 5일 파리 몽파르나스 '바빌론 소극장'에서 처음 공연된 연극 〈고도를 기다리며〉. 이 작품은 초회 공연에서 폭발적 반응을 불러일으키며 파리에서만 무려 300회 이상 공연되는 초유의 기록을 세웠습니다. 1937년부터 몽파르나스에 정착하여 글쓰기에 전념해온 베케트로서는 이 작품의 대성공으로 인해 프랑스의 유명 작가로 발돋움하며 문학예술계의 기린아麒麟兒로 떠올랐습니다.

그런데 〈고도를 기다리며〉는 프랑스를 포함한 유럽 지역에서만 호평을 받은 것이 아니었습니다. 다른 대륙에도 빠른 속도로 전파되어 약 50개국의 언어로 옮겨졌고 각국의 연극무대에서 공연되는 영광을 누렸습니다. 한국에서도 연출가 임영웅과 극단 산울림에 의해 1969년 초연初演 이후 48년 동안 장기 공연을 이어오고 있습니다.

프랑스의 작가이자 철학자 알베르 카뮈. 그의 작품 전체를 관통하는 주제는 부조리와 반항이다.

《고도를 기다리며》는 난해하다는 평가에도 불구하고 전 세계인의 사랑을 받고 있는 독특한 예술작품이 아닐까요? 그만큼 정신적 깊이와 함께 대중적 오락성까지도 겸비한 작품이라고 말할 수 있겠지요.

영국의 저명한 연극학자 마틴 에슬린Martin Esslin은 《고도를 기다리며》를 '부조리극'이라 명명했다고 합니다.[112] 이때 '부조리'란 정치적 부조리와 사회적 부조리를 뜻하는 협소한 의미가 아니라 알베르 카뮈Albert Camus의 세계관에 가까운 '부조리'로 볼 수 있습니다. 즉 세계를 움직이는 근본적 원리를 인간의 이성으로는 인식할 수 없기 때문에 세계 자체를 인간의 힘으로 개혁하는 것도 불가능하다는 것입니다. 역사는 발전하는 것이 아니라 반복될 수밖에 없다는 생각과 같습니다. 그것이 곧 '부조리 문학'과 '부조리극'에서 이야기하는 '부조리'의 의미와 가깝습니다.

세계를 움직이는 근본적 원리를 인식할 수 없다면 '고도'의 실체를 규정하거나 규명하는 것은 인간이 뛰어넘기 힘든 '한계'의 장벽이 아닐까요? 그렇다면 '고도'가 누구인지를 베케트가 명확히 말하지 않은 것도 어느 정도는 이해되는 일입니다. 규정하지 않은 것이 아니라 규

---

112 사뮈엘 베케트, 《고도를 기다리며》, 오증자 옮김, 민음사, 2000, 162쪽.

정할 수 없었다고 보는 것이 정확한 판단일 것입니다. 그것이 인간의 한계이니까요.

하이데거가 인간을 '지금 이곳'에 '내던져진 존재'라고 규정하였듯이 블라디미르와 에스트라공은 '부조리'의 세계 속에 '내던져진' 사람들입니다. 세계의 원리를 인식할 수도 없고 세계를 개혁할 수도 없기 때문에 역사가 발전하지 않고 반복되는 것을 지켜볼 뿐입니다. 이 반복에서 느껴지는 허탈한 슬픔조차도 묵묵히 견뎌내는 수밖에는 다른 도리가 없어 보입니다.

그러나 베케트와 더불어 '부조리 문학'의 대표적 작가로 손꼽히는 카뮈가 '시지프스'라는 신화적 인물을 내세워 부조리에 대한 '반항'을 제시한 것이 떠오릅니다. 카뮈는 그의 저서 《시지프스의 신화》에서 데카르트의 명언[113]을 패러디하여 "나는 반항한다. 그러므로 나는 존재한다"[114]라고 말했습니다. '인간다운' 인간의 삶을 가능케 하는 실존의 조건은 '반항하는 것' 뿐이라고 카뮈는 강조합니다. '부조리'에 갇혀 있다고 해도 이 부조리가 개선되기를 끊임없이 기다리고 희망하는 존재가 인간이니까요.

산정山頂으로 밀어 올린 바윗돌이 언제나 처음 출발했던 곳으로 되돌아오는 무의미한 행위를 반복하고 있지만, 언젠가는 자신의 손을

---

113 "나는 생각한다. 고로 나는 존재한다."
114 알베르 카뮈, 《시지프스의 신화》, 민희식 옮김, 육문사, 1990.

《고도를 기다리며》의 영문판
표지. 베케트는 프랑스어로
창작한 그의 작품들을 직접
영어로 옮기기도 했다.

떠난 바윗돌이 산꼭대기에 우뚝 멈추게 될 날
이 오리라는 희망을 버리지 않은 채 '그날'을
기다리는 시지프스. 오지 않는 '고도'를 기다
리는 행위를 반복하는 블라디미르와 에스트
라공의 기다림 속에도 이러한 희망이 심장처
럼 살아 꿈틀대는 것이 아닐까요?

블라디미르와 에스트라공은 현대의 시지프
스입니다. "반항하기에 존재한다"라는 카뮈의
말처럼 그들은 기다리기에 존재합니다. 그들
의 기다림은 최선의 '반항'입니다.

난공불락難攻不落의 '부조리'한 산정을 향해 '반항'의 바윗돌을 밀어
올리는 시지프스와 마찬가지로 블라디미르와 에스트라공은 고도高道
처럼 아득하고 험한 미래의 '고도Godot'를 향해 '기다림'의 돌을 밀어
올리기를 중단하지 않습니다. 세계와 역사를 움직이는 원리를 인식
할 수 없을지라도, 인식되지 않는 현실이 반복될지라도, 인식되지 않
는 세계의 극점極點을 향해 이성의 돌을 끊임없이 밀고 나아갑니다. 세
계를 개혁할 수 없을지라도, 발전하지 않는 역사가 반복될지라도, 개
혁과 발전의 산정을 향해 의지의 돌을 중단 없이 밀고 나아가는 '기다
림'의 미학. 이것이 곧 인간의 '실존' 아닐까요?

카를 야스퍼스Karl Jaspers의 말처럼 '난파'당하는 세계의 바다 한복
판에서 침몰하여 파멸하는 것이 아니라 '부조리'라는 '한계상황'의 격

랑激浪을 넘어서기 위하여 다시금 '이성'의 닻을 올리고 '의지'의 돛을 펼쳐 한계 저 너머에 있는 '고도'의 해안에 닿을 때까지 기다림의 항해를 멈추지 않는 존재. 그가 곧 진정한 인간이 아닐까요?

사뮈엘 베케트 탄생 100주년 기념 아일랜드 주화. 에스트라공(고고)과 블라디미르(디디)가 보인다.

"나는 반항한다. 그러므로 나는 존재한다."

– 알베르 카뮈, 《시지프스의 신화》 중에서

"'자, 가자', '갈 순 없어',
'왜? 고도를 기다려야지',
'만일 안 온다면?', '내일 다시 와야지',
'그리고 또 모레도', '그래야겠지', '그 뒤에도 죽'"

– 사뮈엘 베케트, 《고도를 기다리며》 중에서

제6장

불의의 도전에 맞서는
인간의 응전

아널드 토인비의 눈으로 읽는
헤르만 헤세의 〈아벨의 죽음에 관한 노래〉
■ 《역사의 연구》와 〈아벨의 죽음에 관한 노래〉

아널드 토인비가 말하는 '인간'

시대적 언어를 구사하며 인류 역사학에 지대한 영향력을 미친 역사가이자 문명 비평가 아널드 토인비. 19세기 이후의 전통 사학에 맞서 《역사의 연구》에서 새로운 역사학을 개척한 그가 말하는 '인간'이란 무엇인가?

아널드 토인비(Arnold Joseph Toynbee, 1889~1975)

불의의 도전에는 정의의 응전으로
허위의 도전에는 진실의 응전으로
압제의 도전에는 자유의 응전으로
살육의 도전에는 생명의 응전으로
전쟁의 도전에는 평화의 응전으로
역사의 그물코를 촘촘히 기워가는
'위대한 어부'
그대 이름은 '인간'입니다.

01

흔들리지 않는 신념의 인간, 헤르만 헤세

독일의 '칼브Calw'에서 태어났지만, 스위스로 망명을 떠나서 그 나라의 '몬타뇰라Montagnola'에 뼈를 묻었던 작가 헤르만 헤세Hermann Hesse. 그를 20세기 독일어권 지역의 대표적 작가라고 해도 지나친 말은 아닐 것입니다. 그는 독실한 크리스천은 아니었지만 어린 시절부터 목사인 아버지의 기독교 교육을 받으면서 성장했습니다. 헤세는 어느 하나의 세계에 구속되는 것을 지긋지긋하게 싫어하는 기질을 타고났다고 합니다. 그래서인지 아버지의 강요에 못 이겨 입학한 '마울브론 수도원'의 담장을 넘어 탈출을 감행했다고 하네요. 그 결과는 퇴학 처분과 가출이었습니다.

헤세는 한국인들이 흔히 말하는 '문제아' 혹은 '가출 청소년'으로 손가락질을 받았으나 이때부터 자유의 길을 걷기 시작했고 그 길은

젊은 시절의 헤르만 헤세. 독일의 대표적 소설가이자 시인이다. 그의 작품은 한국을 포함하여 세계 각국에서 수많은 독자들의 사랑을 받고 있다.

작가의 인생으로 이어졌습니다. "인생을 어떻게 살 것인가?"하는 고민으로 밤을 새우면서 자율적인 판단과 주체적인 결단을 내린 것이 훗날 그를 독일의 대문호로 성장시키는 비결이 되었습니다.

13세가 되던 해에 그는 "작가 이외엔 아무 것도 되고 싶지 않다"는 결심을 인생의 노트에 굳게 새겼다고 합니다. '될성부른 나무는 떡잎부터 알아본다'고 했던가요? 신학교를 거부하고 집을 나온 데에는 분명한 소신이 있었던 것입니다. 청소년 시절에 비전의 푯대를 세우고 흔들림 없이 목표의 깃발을 향해 글쓰기의 경주를 한 결과, 마침내 그는 1946년 소설 《유리알 유희》로 노벨문학상을 수상하였습니다.

지칠 줄 모르는 창작의 열정에서 태어난 《데미안》, 《나르치스와 골드문트》, 《싯다르타》, 《수레바퀴 아래서》와 같은 소설들을 통해 헤세는 세계인들의 사랑을 받는 작가가 되었습니다. 한국인이 가장 좋아하는 외국 작가들을 손꼽는다면 다섯 손가락 안에 들어갈 것이 불을 보듯 분명한 헤세입니다.

오늘은 소설의 대가로 알려진 헤세의 소설이 아니라 시를 읽어 보겠습니다. 카인과 아벨의 비극적 관계를 떠올리게 하는 헤세의 시 〈아벨의 죽음에 관한 노래〉입니다. 그가 처음 발표한 책이 소설집이 아니라《낭만의 노래》라는 시집이라는 사실을 아는 한국인은 많지 않을 거예요. 헤세는 탁월한 시인이었습니다. 〈아벨의 죽음에 관한 노래〉는 헤세의 역사의식과 생명의식이 기막히게 조화를 이루는 작품입니다. 문학

헤르만 헤세의 첫 시집《낭만의 노래》를 새롭게 출간한 시집

은 사회의 반영물이자 역사의 거울임을 실감 나게 하는 작품입니다. 영국의 역사학자 아널드 토인비Arnold Toynbee의 역사의식을 거울삼아 이 작품을 비추어 볼까요?

02

패권주의를 규탄하는 휴머니즘의 노래

    토인비는 요한 볼프강 폰 괴테의 희곡이자 독일 고전주의 문학의 기념비적 작품인《파우스트Faust》에서 '도전과 응전'이라는 역사발전의 원리를 발견했다고 합니다. 유년 시절부터 유독 문학을 좋아했던 토인비는 역사학을 전공하는 중에도 그리스어와 라틴어로 시를 자유롭게 쓸 만큼 문학적 재능과 식견을 갖춘 천재였습니다. '그리스의 시인'이라는 별명을 얻었다고 하니 토인비의 그리스어 능력이 대단한 것은 두말할 나위 없지만 시 창작의 소질 또한 자랑할만한 것이었나 봅니다.

    '진리'를 깨닫기 위해 노력을 포기하지 않는 파우스트 박사의 이야기를 들어 보셨나요? 그의 의지를 꺾으려는 악마 메피스토펠레스의 '도전'과 이에 맞서는 파우스트의 '응전'을 그려낸 괴테의 희곡《파우스트》. 이 불멸의 대작 중 〈천상의 서곡〉 편에서 토인비는 역사 해석의 모티브를 얻었다고 합니다. 오랫동안 문학을 사랑해온 학자다운 발상입니다.

역사학의 기념비로 칭송이 자자한 명저《역사의 연구A Study of History》에서 토인비는 "사회는 (중략) 그 지속 기간 중 계속하여 문제에 부닥치게 된다. (중략) 그 제기되는 문제 하나하나가 바로 그 사회가 견뎌내야 할 시련이다"[115]라고 말했습니다.

영국 런던 출신의 역사가이자 문화비평가 아놀드 토인비. 그는 《역사의 연구》에서 문명의 발전 법칙을 '발생-성장-몰락-해체'의 과정으로 보는 문명론을 전개했다.

토인비의 역사관에 따르면 '사회'의 '문제'이자 '시련'은 곧 그 '사회'에 대한 '도전'과 같습니다. 그가 말하는 '도전'은 우리의 일상생활에서 통용되는 긍정적 의미가 아닌 부정적 의미가 있습니다. 역사를 발전시키는 것이 아니라 오히려 역사를 정체시키거나 퇴보시키는 도전을 의미합니다. 문명 세계를 위협하는

1957년 함부르크의 '독일 극장'에서 공연한 연극 〈파우스트 I 〉. 악마 메피스토펠레스(왼쪽)와 파우스트 박사(오른쪽)의 모습은 '도전과 응전'을 연상케 한다.

대재앙과 천연재해, 독재정치, 부패한 정치 등을 가리킵니다.

《파우스트》에 등장하는 메피스토펠레스의 악마적 이미지와 어울

---

115 아널드 토인비 지음. D. C. 서머벨 엮음,《역사의 연구 1》, 박광순 옮김, 범우사, 1992, 103쪽.

리지 않습니까?

그렇다면, 도전에 대항하는 '응전'은 어떤 의미를 지니고 있을까요? 토인비가 생각하는 도전의 부정적 의미와는 다르게 '응전'은 긍정적 의미가 있습니다. 토인비의 입장에서 본다면 역사의 발전을 가로막는 도전에 맞서 의롭게 투쟁하는 것도 '응전'의 행위가 아닐까요? '프랑스 대혁명'처럼 전제군주제를 무너뜨리고 시민의 자유와 평등을 실현하려는 공화주의 혁명. 한국의 '6·10 민주화 항쟁'처럼 군부독재를 개혁하고 민주주의를 실현하려는 시민운동. '백장미'[116]처럼 나치의 전체주의 체제를 비판하고 국민의 존엄성과 인권을 해방하려는 레지스탕스 운동 등을 '응전'의 모범으로 볼 수 있지 않을까요?

인간의 공동체에 불행의 먹구름을 몰고 오는 '도전'에 맞대응하여 싸워 이기려는 '응전'의 정신이 역사를 발전시키는 원동력이라고 토인비는 믿었습니다. 그가 생각하는 역사의 원리는 '도전에 대한 응전'이었습니다.[117]

헤르만 헤세의 시 〈아벨의 죽음에 관한 노래〉를 토인비의 눈으로

---

116 뮌헨 대학교의 의대생들이 주축을 이룬 저항 단체. 남매인 한스 숄(Hans Scholl)과 조피 숄(Sophie Scholl)이 이끄는 '백장미'단은 나치의 유대인 학살, 패권주의, 전체주의를 격렬하게 비판하는 전단을 인쇄하여 독일 전역에 배포했다. 그 전단의 이름도 '백장미'였다. 이들의 저항 운동은 한스 숄의 누나이자 조피 숄의 언니인 잉게 숄(Inge Scholl)의 소설 《백장미》를 통하여 세계에 널리 알려졌다. 한국에는 《아무도 미워하는 자의 죽음》(송용구 옮김. 평단)으로 소개되었다.

117 송용구, 《인문학 편지》, 평단, 2014, 115쪽. 참조.

응시한다면 불의不義의 '도전'에 맞서 인간이 걸어가야 할 정의正義의 '응전'의 길이 보입니다. 그 길을 동행해 볼까요? 이 시를 펼쳐 놓고 토인비에게 "도전에 대한 응전이라는 역사의 원리를 이해하기에 적절한 작품인가요?"라고 질문한다면 고개를 끄덕일 것 같다는 생각이 드네요.

먼저 작품을 읽어 보겠습니다.

죽은 아벨은 풀 속에 누워 있습니다. / 형 카인은 달아나고 말았군요. / 새 한 마리 날아와서 자신의 부리를 / 피에 담그다가 화들짝 놀라 날아갑니다. (제1연)

그 새는 온 세계로 날아갑니다. / 그의 비상은 불안합니다. 그의 울음은 찢어질 듯합니다. / 끊임없는 애통과 울음을 토해냅니다. / 아름다운 아벨과 그가 당한 죽음의 고난을, /어두운 카인과 그가 겪는 영혼의 고통을, / 새鳥 자신의 청춘을 슬퍼하며 웁니다. (제2연)

카인은 곧 자신이 쏜 화살을 제 가슴에 박을 것입니다. / 카인은 곧 다툼과 전쟁과 죽음을 / 모든 오두막집과 도시로 실어 나를 것입니다. / 적들을 만들고는 이내 때려죽일 것입니다. / 적들과 자신을 절망적으로 증오할 것입니다. / 적들과 자신을 모든 길마다 쫓아다니며 / 괴롭힐 것입니다. 죽음 너머의 세계에 이르기까지 / 결국 카인이 자신을 죽일 때까지. (제3연)

새들이 도주합니다. 피 묻은 그 부리에서 / 죽음에 대한 비탄의 소리가 온 세계를 향해 울려 나옵니다. / 새의 소리를 카인이 듣습니다. 새의 소리를 죽은 아벨이 듣습니다. / 하늘 장막 아래 살고 있는 수천 명의 사람들이 듣습니다. / 하지만 그 소리를 듣지 못하는 수만 명, 혹은 더 많은 사람들 / 그들은 아벨의 죽음에 관해 관심조차 없습니다. / 카인과 그 마음의 고통에 관해 아무 것도 알려고 하지 않습니다. / 그 숱한 상처로부터 터져 나오는 피에 관해서는 아무것도, / 어제 일어났던 전쟁에 관해서는 아무것도, / 그리고 자신들이 지금 소설로부터 읽는 뜻에 관해서는 아무것도 / 알려고 하지 않습니다. / 그들 모두에게는, 배부르고 즐거운 이들에게는 / 저 강하고 사나운 이들에게는 / 카인도 아벨도, 죽음도 고통도 보이지 않습니다. / 전쟁을 위대한 시대로 찬양할 뿐입니다. (제4연)

탄식하는 새가 곁을 스쳐 날아가면 / 그들은 그 새를 / 세상을 어둡게 바라보는 "비관론자"라고 부를 뿐입니다. / 그들은 자신을 스스로 강한 자라고, 침범할 수 없는 자라고 느끼면서 / 새에게 돌을 던집니다. / 마침내 새는 노래를 그치고 자취를 감추거나 / 이제는 아무도 들을 수 없는 음악을 만듭니다. / 그의 목소리가 사람들의 귀를 불편하게 하기 때문입니다. (제5연)

작은 피를 / 부리에 적신 채, 새는 세계의 곳곳으로 날아가고 있습니다. / 아벨에 대한 새의 슬픔의 노래가 끊임없이 울리고 있습니다. (제6연)

- 헤르만 헤세의 〈아벨의 죽음에 관한 노래〉[118] 중에서

시 〈아벨의 죽음에 관한 노래〉는 1929년에 발표되었습니다. 헤세가 이 시를 창작한 동기는 제1차 세계대전의 전쟁 범죄 국가인 독일의 죄악을 비판하는 것이었습니다. 그러나 1930년대 아돌프 히틀러 Adolf Hitler와 나치 당黨에 의해 패권주의의 망령이 되살아나서 독일이 또 한 차례의 세계대전을 주도하는 화마火魔의 역할을 계승하게 되었을 때 〈아벨의 죽음에 관한 노래〉는 독일의 침략 전쟁과 독일인들의 어리석음을 경고하는 선지자의 역할을 지속하게 됩니다.

시의 활시위를 떠난 비판의 화살은 제1차 세계대전을 일으킨 독일의 제정帝政을 향해 날아갔었지만, 제2차 세계대전이 발발한 후에는 전범戰犯 아돌프 히틀러와 나치의 과녁을 향해 규탄의 화살촉을 명중시키는 정의의 궁사 역할을 변함없이 수행하게 된 것입니다. 이러한 비판의식이 나치에게 알려졌기 때문에 헤세의 작품은 1939년부터 1945년 종전終戰까지 독일에서 판매 금지 처분을 당했다고 합니다. 다행스럽게도 헤세는 1차 세계 대전 직후에 스위스로 망명을 떠나서 스위스 국민으로 살고 있었기 때문에 나치의 박해를 벗어나 목숨을 지킬 수 있었습니다.

---

118 헤르만 헤세, 《헤르만 헤세 대표 시선》, 전영애 옮김, 민음사, 2007. 참조

〈아벨의 죽음에 관한 노래〉는 헤세의 반전反戰의식, 휴머니즘, 생태의식이 삼위일체를 이룬 작품입니다. 좁은 시각으로 본다면 '카인'은 제1차 세계대전을 주도한 독일의 군국주의자들, 제2차 세계대전을 일으킨 독일의 아돌프 히틀러와 그가 이끄는 나치당입니다. 그러나 넓은 시각으로 본다면 독일의 패권주의와 침략 정책을 열렬히 지지했던 독일 국민 전체를 상징하는 이름이기도 합니다.

'카인'이라는 이름 속에는 나치의 선전 도구 역할을 맡은 반反 역사적 작가들과 지식인들도 포함되겠지요. 헤세가 비판한 것처럼 극단적 애국주의에 빠져있던 그들은 "전쟁을 위대한 시대로 찬양"하였습니다. 집단적 광기에 사로잡힌 것입니다.

독일의 역사책을 가장 추악한 '죄'의 핏빛으로 물들인 나치Nazi는 '국가사회주의Nationalsozialismus'를 줄인 말입니다. 이것은 게르만인들의 민족주의를 상징하는 명칭이기도 했습니다. 그러나 이 민족주의는 진정성을 상실한 슬로건이었습니다. 비록 독일 국민의 지지를 받았다고는 해도 물리적 폭력을 통해 세계를 지배하려는 것은 진정한 민족주의가 될 수 없습니다. 민족주의는 코스모폴리타니즘Cosmopolitanism을 배반하지 않으니까요. 이마누엘 칸트와 프리드리히 실러[119]가 강조

---

[119] 프리드리히 실러(Friedrich Schiller): 1759~1805. 괴테와 함께 독일의 '질풍노도' 문학 및 고전주의 문학의 황금기를 이끌었던 대문호 시인이자 극작가로서 《도적 떼》, 《빌헬름 텔》 등의 희곡을 발표하였다. 그의 문학에 가장 큰 영향을 준 사상가는 이마누엘 칸트였다. '세계시민'이라는 개념은 칸트에게서 계승한 대표적 사상이다.

했던 '세계시민世界市民'[120]의 정신을 위배하는 것이라면 참된 민족주의라고 말할 수 없습니다.

다른 민족의 구성원들을 지배의 대상으로 삼고 그들의 생명과 자유와 인권을 말살하는 것은 '민족주의'를 가장한 집단적 범죄가 아닐까요? 칸트와 실러의 관점으로 본다면 나치의 민족주의는 전체주의, 군국주의, 패권주의에 지나지 않습니다. 휴머니즘을 배척하는 사이비 민족주의입니다. 이렇게 왜곡된 민족주의를 비판하는 작가들과 지식인들이 '새鳥'의 노래를 부릅니다.

---

120 이마누엘 칸트(Immanuel Kant)의 철학을 대변하는 주요 개념 중 하나다. 일종의 '사해동포주의'를 의미하는 '코스모폴리타니즘'의 또 다른 이름이다. 인간은 누구나 존엄성을 갖고 있으므로 인간이 누려야 할 자유와 인권은 평등하다는 사상이다. 계몽사상의 발전 과정에서 생겨난 개념이기도 하다.

03

/

인간의 존엄성을 지켜내려는
'응전'의 노래

작가들의 입에서 "울려 나오는 비탄의 노래"는 아벨을 "적"으로 "만드는" 것을 그만두라고 카인에게 호소합니다. 새의 노래는 이벨을 "배려숙이는" 만행을 중지하라고 카인에게 절규합니다. "다툼"과 "전쟁"을 포기하지 않는다면 카인은 "자신이 쏜 화살"을 "제 가슴에 박는" 파멸을 맞이할 것이라고 경고합니다.

카인을 향한 새의 노래는 작가들의 옐로카드입니다. 그들의 경고를 무시한 탓으로 카인은 "자신이 쏜 화살을 제 가슴에 박는" 비참한 종말을 피할 수 없었습니다.

제1차 세계대전을 일으킨 독일의 제정과 군국주의 체제는 역사의 뒤안길로 사라졌습니다.[121] 제2차 대전의 악역인 아돌프 히틀러도 지하 벙커에서 스스로 목숨을 끊어 참혹한 파멸의 주인공이 되었습니다. 유럽 각 나라에서 평화롭게 살아가는 수많은 아벨들의 머리를 '쏘았던' 히틀러의 총탄은 결국 자신의 머릿속에 박히고 말았습니다. 헤세의 시구詩句를 패러디하여 표현한다면 "자신이 쏜 총탄을 제 머리에 박는" 어처구니없는 모순의 마지막 무대가 연출된 것입니다. 작가들의 경고성 예언이 적중한 셈입니다. 그들은 시대의 흐름을 꿰뚫어보는 선지자가 아닐까요?

예언이 이루어지기 전의 상황으로 다시 돌아가 볼까요? 비판과 "탄식"이 뒤섞인 경고의 노래가 새의 "피 묻은 부리"에서 울려 나옵니다. 그러나 탄식의 노래를 부르는 새를 보고 "세상을 어둡게 바라보는 비관론자"라고 비아냥거리며 새의 부리를 향해 "돌을 던지는" 자들은 누구일까요? 1차 대전의 대재앙을 연출한 독일 제정의 군부軍部, 2차 대전의 생지옥을 창조한 히틀러와 나치로 대표되는 패권주의자들, 그들을 추종하는 극단적 애국주의자들, 지나친 이기주의에서 헤어 나오지 못하는 "배부르고 즐거운" 자들이 바로 그들입니다.

"작은 피"를 "부리에 적신" 채 "아벨에 대한 슬픔"의 노래를 부르

---

121 제1차 세계대전에서 독일의 패전으로 황제체제가 무너지고 '바이마르 공화국'의 시대가 개막되었으나 1930년대 초반 히틀러의 나치 당이 정권을 잡게 되어 공화주의 정치는 수포로 돌아갔다.

아널드 토인비의 명저 《역사의 연구》. 전 12권으로 제1~10권이 본문이고, 제11권은 역사지도이다. 이 책은 제1차 세계대전의 발발로 인한 현대사와 서유럽 문명의 장래에 대한 위기의식이 집필의 커다란 동기가 되었다. 학계를 비롯하여 각계에 커다란 반응을 불러일으켰으며, 많은 비판도 나왔다. 그래서 그 비판을 반성하면서 반론을 편 것이 제12권 '재고찰'이다.

는 새의 날개를 향해 그들은 박해의 돌을 던집니다. 반전反戰사상과 휴머니즘과 생명사랑을 노래하는 작가의 글을 그들은 '불온문시'라고 매도합니다. 실제로 헤세는 1, 2차 세계대전을 모두 결사적으로 반대했던 까닭에 매국노이자 반역자라는 비난의 "돌"을 맞았고, 헤세의 모든 작품은 불온문서로 매도당하여 독일 내에서 출판금지 및 판매금지 처분을 받았습니다.[122] 시의 내용은 헤세의 자전적 체험을 상징적으로 증언하고 있군요.

제1차 세계대전의 현장에서 독일의 군국주의자들이 강제로 저지른

---

122 프란시스 아말피 지음, 《불멸의 작가들》, 정미화 옮김, 윌컴퍼니, 2013, 207쪽. 참조.

유럽인들의 연쇄적 죽음. 2차 세계대전의 아수라阿修羅[123]에서 히틀러와 나치가 유희를 즐기듯 날마다 반복해온 홀로코스트Holocaust[124]. 이 모든 것을 상징하는 사건이 "아벨의 죽음" 아닐까요? 아널드 토인비의 비판적 시선으로 바라볼 때 당대의 유럽 "사회가 부닥치는"가장 심각한 "문제"였다고 말할 수 있습니다.

독일 남부 칼브에 있는 헤르만 헤세의 생가. 그의 고향은 전 생애와 작품에 걸쳐 영향을 미치고 있는 곳이다. 《수레바퀴 아래서》에서 한스의 고향으로 묘사되기도 했다.

'아벨의 죽음'을 아널드 토인비의 언어로 옮긴다면 침략과 학살의 표적이 된 모든 유럽인이 "견뎌내야 할" 잔인한 "시련"이 아닐까요? 이 문제와 시련을 고발하는 "새"를 향해 날아가는 "돌"과 그 돌을 맞고 "부리에 피를 적시는" 비극 또한 아벨의 죽음에서 파생되는 비인간적 문제와 반역사적反歷史的 시련의 도미노 현상이 아닐까요?

그러나 피를 적시는 박해를 받아도 "새"는 노래를 멈추지 않습니다. 작가는 시련을 겪을수록 불의不義의 '도전'에 맞서 '응전'의 목소리를 드높입니다. 억압당하는 인간성을 해방하고 말살당하는 생명을 살려내려는 정의正義의 새들. 폭력의 돌에 맞아 일시적으로 부리가 꺾일

---

123 아수라(阿修羅) : 불교에서 이야기하는 '팔부' 중의 하나로서 싸움을 좋아하는 귀신으로 알려져 있다. 대규모의 분쟁과 전쟁의 상징어로 사용된다.
124 약 600만 명에 달하는 유대인을 학살했던 나치의 유혈 대참극.

지라도 그들의 가슴에서 울려 나오는 정의의 목소리는 '응전'의 화살이 되어 돌을 향해 끊임없이 날아갑니다.

토인비의 말을 빌려 표현한다면 "시련"의 폭풍우를 휘몰고 오는 불의한 자들이 휘두르는 "도전"의 칼끝을 꺾기 위해 새들이 각혈하듯 토해내는 "응전"의 멜로디는 잦아들지 않습니다. 그들의 "부리"가 부러진다고 해도 사람과 자연과 생명을 향한 사랑의 "음악"은 그들의 목청에서 마르지 않습니다. 아벨의 죽음을 슬퍼하는 작가들의 사랑의 "목소리"는 헤세의 말처럼 "온 세계"의 아벨을 향해 "끊임없이 울립니다".

자유를 억압하고 인권을 짓밟으며 생명을 파괴하는 자들의 '도전'은 21세기에도 계속되고 있습니다. 불의의 도전에 맞서 생명과 인권과 자유를 지켜내기 위해 사랑의 힘으로 항거하는 정의의 '응전'이야말로 인간이 걸어가야 할 가장 아름다운 꽃길이라는 것을 〈아벨의 죽음에 관한 노래〉가 우리에게 가르쳐줍니다.

아널드 토인비는 '새의 노래'를 다음과 같이 예찬하지 않을까요? "유럽 대륙을 거대한 공동묘지로 만들어버린 사악한 문제와 참혹한 시련의 도전에 맞서 인간의 존엄성과 생명의 고귀함과 자유의 숭고함을 지켜내려는 응전의 노래"라고.

인문학 조언

"역사는 도전과 응전의 연속이다."

– 아널드 토인비, 《역사의 연구》 중에서

"새는 세계의 곳곳으로
날아가고 있습니다.
아벨에 대한 새의 슬픔의 노래가
끊임없이 울리고 있습니다."

– 헤르만 헤세, 〈아벨의 죽음에 관한 노래〉 중에서

제7장

인간은 생태계의 지킴이이다

머레이 북친의 눈으로 읽는 레이첼 카슨의 《침묵의 봄》

■ 《사회생태론의 철학》과 《침묵의 봄》

레이첼 카슨이 말하는 '인간'

지구를 사랑하고 자연을 노래한 시인이자 과학자로 《침묵의 봄》을 통해서 환경과
생명의 소중함을 세상에 알린 레이첼 카슨. '현대 생태환경운동의 선구자'로 불리는
그가 말하는 '인간'이란 무엇인가?

레이첼 카슨(Rachel Carson, 1907~1964)

지구는 인간의 소유물이 아닙니다.

자연은 인간의 피지배자가 아닙니다.

자연을 도구로 취급하지 않는 인간.

자연을 생명을 가진 이웃으로 존중하는 인간.

동물과 식물을 지구의 공동 세입자로 인정하는 인간.

건강한 사회를 만들기 위해 자연과 협력하는 인간.

인간은 지구를 빌려 쓰는 손님일 뿐입니다.

01

/

생명의 파수꾼, 레이첼 카슨

"인간은 숲을 베어 열고 강을 막을 수는 있어도 구름과 비와 바람은 신神의 것이었다. 생명의 흐름은 모두 신神이 제시한 진로를 인간에게 가로막히는 일 없이 영원히 흘러갈 것이다."

- 레이첼 카슨

미국의 생물학자이며 문필가인 레이첼 카슨Rachel Carson. 1962년에 그가 발표한《침묵의 봄Silent Spring》은 생태 및 환경문제에 관심 있는 사람이라면 꼭 읽어야만 할 명저입니다. 서양에서 환경운동의 물꼬를 튼 책이기도 합니다. 이 책에서 감동과 충격을 받은 존 F. 케네디John

자신이 저술한 《침묵의 봄》을
손에 든 레이첼 카슨

레이첼 카슨의 《침묵의 봄》
영문판 표지

F. Kennedy[125] 대통령은 환경문제를 국가적 사안으로 논의하는 자문위원회를 구성하였습니다. 1969년 미국 의회는 이 책을 지침으로 삼아 살충제 DDT(방역용·농업용 살충제)가 암을 유발할 수도 있다는 증거를 발표하였고, 마침내 1972년 미국 EPA(환경보호국)은 DDT의 사용을 전격 금지하였습니다.

생태계와 관련된 문제가 '자연'의 영역에만 속한 것이라고 속단하는 것은 편협한 생각입니다. '생태'를 의미하는 에코eco의 어원은 그리스어 오이코스Oikos입니다. 오이코스는 '집'을 의미합니다. 생태계를 '커다란 집'이라고 한다면 이 집 안에서 살아가는 가족은 누구일까요? 인간과 자연 아닐까요? '생태계'라는 집을 보전하는 주체는 누구일까요? 자연과 인간 아닐까요?

인간만이 주체라는 고정관념을 이제는 버려야 할 때가 되었습니다. 인간과 자연이 공동의 주체가 되어 생태계를 함께 보전해야 한다는 새로운 생각이 필요하지 않을까요? 자연과

---

125 1957년 '퓰리처' 상을 수상한 미합중국의 제35대 대통령.

인간은 이 집에서 함께 살아왔고 지금도 함께 살고 있고 내일도 함께 살아갈 가족이니까요.

인간과 자연이 서로 협력하지 않는다면 '생태계'라는 녹색의 집은 아름다움과 생명력을 잃어버리고 말 것입니다. 자연은 인간에게 혜택을 선사하고 그것에 대한 보답으로 인간은 자연을 보호하는, 상호의존相互依存의 관계를 원만하게 유지하지 않는다면 '집'이 무너지는 것을 피할 수 없을 것입니다. 이렇듯 생태계를 튼실하게 지탱하는 토대 역할을 하는 것은 자연과 인간의 상호의존입니다. 그렇다면 생태계와 관련된 문제는 자연에만 속한 것이 아니라 인간이 생활하는 모든 사회와 직접 연관된 문제가 아닐까요?

미국의 철학자 머레이 북친은 그의 저서 《사회 생태론의 철학The Philosophy of Social Ecology》에서 "생태문제는 사회문제"[126]라고 말했습니다. 북친의 말을 조금 더 실감 나게 이해하기 위해서는 레이첼 카슨의 《침묵의 봄》을 읽어 보세요. 머레이 북친의 말처럼 생태문제는 시대와 문화권의 차이를 초월한 사회문제라는 것을 깨닫게 해주는 명저입니다.

《침묵의 봄》은 21세기의 지구인들이 함께 극복해야 할 지구 온난화와 기후 변화의 문제를 비롯한 '생태문제'들이 지구촌 전체의 '사

---

126 머레이 북친, 《사회생태론의 철학》, 문순홍 옮김, 솔출판사, 1997, 234쪽.

회문제'가 될 수 있다는 가능성을 반세기 전에 경고했던 '생태 묵시록'입니다. 기후 변화로 인해 멸망의 임계점을 향해 점점 더 가까이 다가가는 인류에게 보내는 선견자 레이첼 카슨의 '에코 옐로카드Eco-Yellow Card'라고 《침묵의 봄》을 소개하고 싶습니다. '생태 위기'[127]의 상황에 직면한 지구촌의 현실에 비추어 보면 《침묵의 봄》에 '에코 옐로카드'라는 부제를 붙여도 좋을 것 같습니다.

---

127 머레이 북친, 《사회생태론의 철학》, 문순홍 옮김, 솔출판사, 1997, 244쪽.

02

/

인류에게 보내는 생태 묵시록

《침묵의 봄》의 첫 페이지를 열면 모든 세계인이 존경하는 인물에게 이 책을 헌정한다는 헌사獻辭를 읽게 됩니다. 그는 누구일까요? '아프리카의 성자'로 널리 알려진 알베르트 슈바이처Albert Schweitzer 박사[128]입니다.

"알베르트 슈바이처 박사에게 이 책을 바친다."

—

[128] 알베르트 슈바이처(Albert Schweitzer) : 1875~1965. 독일 출신으로 프랑스 국적을 지닌 의사, 음악가, 철학자, 신학자, 개신교 목사. 슈바이처는 '생명에 대한 경외' 라는 고유한 철학을 바탕으로 중앙 아프리카 서부 지역 '랑바레네'에서 '알베르트 슈바이처 병원'을 설립하고 아프리카인들을 위해 헌신하였다. 그 공로로 1952년 노벨 평화상을 받았다. 그는 탁월한 오르간 연주자로서 작곡가 요한 제바스티안 바흐를 연구하는 등, 음악에도 조예가 깊었다.

의료 봉사로 무소유의 삶을
실천한 알베르트 슈바이처

"미래를 보는 눈을 잃고, 현실을 앞지른 모든 것을 잃어버린 인간. 그 종착역은 자연의 파괴다"- 슈바이처의 말[129]

"○○○에게 이 책을 바친다"는 말은 저서를 헌정할 때 흔하게 쓰이는 일반적 헌사입니다. 그런데 이 인사말 다음에 펼쳐지는 문장을 볼까요? 저자 레이첼 카슨은 '생태문제'에 대한 슈바이처 박사의 경고 메시지를 부각시킵니다. 그의 옐로카드는 '종착역'을 향해 급행열차처럼 질주하는 기술문명의 직선적 발전 궤도를 여과 없이 비판하고 있습니다.

"지구의 마지막 밤을 향해 맹목적으로 전진하는"[130] 인류를 염려했던 독일의 여류 시인 다그마르 닉Dagmar Nick의 경고가 떠오릅니다.[131] 육상 단거리 100m 경주 선수가 결승선 테이프를 향해 앞만 보고 달려가듯이 지난 20세기 문명과 과학기술은 급진적 속도로 질주해왔습니다. 이것을 역사의 발전이라고 자부할 수 있을까요? 과학기술의 발전을 역사의 발전과 동일하다고 말할 수 있을까요? 만물의 어머니이

---

129 레이첼 카슨, 《침묵의 봄》, 오정환 옮김, 《월든/침묵의 봄/센스 오브 원더》, 동서문화사, 1988, 62쪽.
130 다그마르 닉(Dagmar Nick)이 1954년에 발표했던 시 〈우리는 wir〉의 한 구절이다.
131 송용구, 《독일의 생태시》, 새미, 2007, 160쪽. 참조

자 근원인 물, 공기, 흙이 병들어가고 나무, 꽃, 새들이 인간의 마을을 떠나 갑니다. 슬픈 도미노 현상입니다. 테크놀로지의 힘으로 유토피아를 건설하려고 했던 희망은 낭만적 환상으로 변해가고 있습니다. 산성비와 산성눈 때문에 살갗이 문드러지지 않을까 염려하고, 아침 식탁에서 디저

미국의 사상가 머레이 북친. 아나키즘 및 자유지상주의적 사회주의, 생태사회주의 입장을 견지한 작가, 역사가, 사회이론가, 연설가로 활동했다.

트로 먹는 과육果肉 속에 비타민이 아닌 농약 '파라티온'이 앉아 있지 않을까 의심하며 뒷산의 약수터에서 플라스틱 표주박으로 떠먹는 물조차도 환경호르몬의 유입을 염려해야 하는 현실입니다.[132]

지구호號의 난파를 경고하면서 그 '경고'의 편지를 문학적 사이렌으로 승화시켰던 레이첼 카슨. 그는 지상에서 살아가는 모든 생물을 친구[133]처럼 소중히 아꼈던 '생태주의'적 생물학자였습니다.

그렇다면 '생태주의'란 어떤 철학일까요? 낱말의 생김새대로 본다면 '생태학 혹은 생태론ecology'과 '주의ism'가 결합한 말입니다. '주의'는 사상이나 세계관을 뜻하므로 '생태주의'란 생태학적 사상 혹은 생태학적 세계관이라고 말할 수 있겠지요.

---

132 송용구, 〈세속화의 질주에 저항하는 시인들의 생명의식〉, 《도요무크 9》, 2016. 참조.

133 레이첼 카슨, 〈침묵의 봄〉, 오정환 옮김, 《월든/침묵의 봄/센스 오브 원더》, 동서문화사, 1988, 617쪽.

머레이 북친이 지적했던 '생태 위기'의 상황이 20세기 후반에 뚜렷하게 나타나면서 이 '위기'를 어떻게 극복할 것인가 하는 문제가 북친의 말처럼 인류의 '사회문제'가 되었습니다. 수많은 철학자들과 인문학자들이 위기 탈피에 도움이 될 수 있는 인문학적 패러다임과 담론을 제시하면서 '생태'라는 화두는 철학 및 인문학의 영역과 자연스럽게 결합하였습니다. 20세기 후반부터 전개된 이러한 시대의 흐름에 비추어볼 때 '생태주의'라는 사상은 생태학과 인문학이 통섭通攝하는 과정을 거쳐 생겨난 '생태철학'이라고 말할 수 있습니다.

생태주의에 따르면 자연은 인간과 함께 사회를 형성해나가는 파트너이자 공생共生의 동반자입니다. 오스트리아의 언어학자 알빈 필 Alwin Fill이 강조한 것처럼 생태주의는 "큰 것에 비해 작은 것을 우대하고 힘의 계속적인 팽창이 약한 것의 희생을 야기시키는 것에 대항하는"[134] 패러다임입니다. 그러므로 '생태주의'의 눈길로 바라본다면 자연을 인간보다 하위에 두고 지배의 대상으로 삼는 '인간중심주의'가 비판을 받습니다. 인간이 '주체의 자기확대 과정'[135]을 통하여 '자연의 인간'을 망각하고 '인간의 자연'[136] 만을 생각하게 된 것을 '인간중심주의'라고 말할 수 있습니다.

---

134 알빈 필 Alwin Fill, 《생태 언어학》, 박육현 옮김, 한국문화사, 1999, 12쪽.
135 구승회, 《생태철학과 환경윤리》, 동국대학교 출판부, 2001, 21쪽.
136 구승회, 《생태철학과 환경윤리》, 동국대학교 출판부, 2001, 22쪽.

인간중심적 사고방식의 판단 기준은 무엇일까요? 인간에게는 이성理性이 있고, 자연에게는 이성이 없다는 것이 아닐까요? 그러나 생태주의에 따르면 이성은 인간과 자연 사이의 우열을 결정하는 척도가 될 수 없습니다. 이성은 인간에게만 있는 고유한 속성이지만 인간이 갖지 못한 자연의 고유한 속성 또한 인정해야 한다는 것이 '생태주의'의 판단 기준입니다. 《침묵의 봄》의 저자 레이첼 카슨도 이와 같은 기준으로 인간의 '자연지배'를 비판해왔습니다.

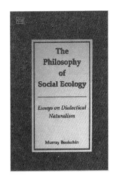

머레이 북친의 저서 《사회 생태론의 철학》. 생태 문제 틀과 사회 구조 그리고 사회 이론을 어떻게 유기적으로 결합시켜 사유할 것인가라는 물음을 담고 있다.

인간에게 물질적 자원과 정서적 요소를 공급하는 것은 자연만이 갖고 있는 고유한 속성, 능력, 역할입니다. 나무를 예로 들어 볼까요? 나무의 초록빛 가지 끝에서 흘러나오는 산소가 인간의 폐부肺腑 속으로 스며들어 인간의 호흡이 됩니다. 나무는 막힘없는 숨결의 원천입니다. 나무는 식탁의 몸이 되기도 합니다. 그 둥그런 식탁에 둘러 앉아 가족끼리 도

쉘 실버스타인의 《아낌없이 주는 나무》 영문판 표지. 나무의 도움과 고마움을 일깨워주는 대표적 고전이다.

타운 사랑의 얘기들을 나눌 수 있도록 나무는 가족의 의자가 되어 줍니다. 때로는 공원 벤치의 튼실한 뼈가 되어 절망에 빠진 누군가의 무

너진 어깨를 받아주기도 합니다. 어디 그뿐인가요? 이제 막 한글을 배우기 시작하는 아이에게 책과 노트를 건네주는 부모처럼 나무는 모든 인간에게 글의 강줄기를 열어주는 문명의 원류源流가 됩니다.

다형茶兄[137] 김현승은 그의 시 〈나무〉에서 "하느님이 지으신 자연 가운데 우리 사람에게 가장 가까운 것은 나무이다. 그 모양이 우리를 꼭 닮았다. 참나무는 튼튼한 어른들과 같고 앵두나무의 큰 키와 빨간 뺨은 소년들과 같다"[138]고 노래하였습니다. 헌사獻辭처럼 들려오는 시인의 말 속에는 나무를 향한 고마움이 짙게 배어 있습니다. 역사책에 인간의 발자취가 기록되기 전부터 지금까지 나무는 단 한 번도 인간의 삶을 외면한 적이 없었던 고마운 이웃이니까요.

쉘 실버스타인Shel Silverstein의 동화 《아낌없이 주는 나무》[139]의 이야기는 동화 속에만 존재하는 환상이 아니라 나무가 인간에게 베풀어왔던 도움의 역사입니다.

이처럼 인간은 자연으로부터 많은 혜택을 부여받고 있습니다. 이 '혜택'에 대한 보답으로 마땅히 자연의 생식능력과 자정능력을 보호하는 것이 인간이 가질 수 있는 바람직한 이성적 판단이 아닐까요? 이성을 자연에 대한 우위의 절대조건으로 믿어왔던 '이성만능주의'적

---

137 시인 김현승 (1913~1975)의 시 제목 〈다형〉이 그의 아호가 되었다.

138 시인 김현승, 〈나무〉, 《마지막 지상에서》, 창작과비평사, 1975, 34쪽.

139 쉘 실버스타인, 《아낌없이 주는 나무》, 김제하 옮김, 소담출판사, 1998. 참조.

패러다임을 극복하고 자연과 인간의 상생을 모색하는 것이 진정한 이성의 길이 아닐까요? 사회학자 앤서니 기든스Anthony Giddens의 말대로 그것이 '제3의 길'[140]이라는 생각이 듭니다.

인류가 새롭게 걸어가야 할 '제3의 길'은 인간과 자연 간의 차이를 인정함으로써 차등의식을 극복하고 상호의존相互依存의 관계로 접어드는 길입니다. 인간은 자연에게서 혜택을 부여받고 자연은 인간에게서 보호를 받는 이러한 상호의존의 관계는 머레이 북친의 말처럼 '인간에 의한 자연지배'의 구조가 '해체'되어야만 가능해집니다. 그런데 북친은 그것의 전제조건을 제시하였습니다. 인간의 물질적 욕망을 채우기 위해 자연을 노예처럼 이용하면서 생명력을 빼앗는 '자연지배'의 문화를 개선하려면 가장 먼저 '인간에 의한 인간지배'의 구조를 '해체'해야 한다는 것입니다.[141]

헤르만 헤세의 시 〈아벨의 죽음에 관한 노래〉에서 보았듯이 정치권력으로 국민의 자유와 인권을 억압하는 '인간지배' 혹은 기업주들이 노동자의 시간과 임금과 노동력을 착취하는 '인간지배'의 사회문제가 개선되지 않고서는 '자연지배'의 생태문제도 해결되지 않는다는 것이 머레이 북친의 생각입니다. 이상의 《날개》와 카프카의 《변신》에서 공

---

140 앤서니, 기든스, 《제3의 길》, 한상진 외 옮김, 생각의나무. 참조

141 머레이 북친, 《사회생태론의 철학》, 문순홍 옮김, 솔출판사, 1997, 244쪽.

감한 것처럼 자본의 황금탑을 쌓기 위해 인간을 수단으로 이용하는 사회에서는 '자연'조차도 도구로 남용하는 풍조가 기승을 부릴 수밖에 없습니다. 인간의 존엄성을 망각하는 땅에서 자연의 생명을 존중하는 것을 어떻게 기대할 수 있겠습니까?

03

자연과 협력하여 세계를 만드는 인간

"생태문제는 사회문제"라는 머레이 북친의 말뜻이 분명해집니다. "인간에 의한 자연지배는 인간에 의한 인간지배에서 생겨나기" 때문에 "위계질서와 지배체제를 비판하고 해체하는 것이 현재의 생태위기를 해결할 수 있는 유일한 길"[142]이라는 북친의 얘기로부터 인간과 자연은 따로 떨어져서 살 수 없는 생명선生命線으로 연결되어 있다는 진실에 직면하게 됩니다. 인간의 존엄성과 인권을 존중하는 것을 문화의 기본적 토대로 구축하면서 자연의 생명과 생명권生命權을 보호하는 문화의 블록들을 쌓아가는 총체적 혁신이 필요합니다.

이처럼 인간과 자연을 함께 존중하는 '생명중심'의 패러다임으로

---

142 머레이 북친, 《사회생태론의 철학》, 문순홍 옮김, 솔출판사, 1997, 244쪽.

'인간중심'의 전통적 문화를 혁신하려는 사상이 바로 '생태주의'[143]입니다. 그렇다면 생태주의가 정신적 토대를 이루고 있는 생명중심의 생활방식을 '생태문화'라고 부를 수도 있겠지요. 생태문화는 한 사람, 한 송이 꽃, 한 그루 나무, 한 자락 풀 등 모든 종種의 독립성, 개별성, 고유성을 인정하는 가운데 인간과 자연 사이의 동등한 수평적 관계를 추구합니다.

오스트리아의 철학자 마르틴 부버의 생태주의적 사상에 비추어본 다면 나무도 사람에게 '만남'의 상대방이 될 수 있고, 새도 사람과 '대화'의 파트너가 될 수 있습니다. 자연은 '나'와 더불어 살아가는 동반자로서 나의 '너'가 될 수 있습니다.[144] 인간인 '나'와 '마주 서서 살고 있으며' 아름다운 상호 관계의 꽃길을 걸어가는 '너'가 바로 자연입니다.[145] 미겔 데 세르반테스의 《돈키호테》에서 돈키호테와 산초의 대화

---

143 송용구, 〈생태주의 관점에서 바라본 문화적 상호의존 관계와 제2외국어 교육〉, 《카프카 연구》 제16집, 한국카프카학회, 2006. 121쪽. 참조.
"생태주의는 생태계의 자연법칙과 다르게 인식되어야 한다. 생태계의 자연법칙은 약육강식 혹은 적자생존의 법칙과 공생(共生) 혹은 상생(相生)의 법칙으로 나눌 수 있다. 이 두 가지의 자연법칙 가운데 하나의 종(種)과 다른 종(種)이 상호의존 관계를 통해 생명을 보존해나가는 상생의 법칙을 인간과 자연 간의 상호의존 관계로 전용(轉用)하자는 이성적(理性的) 요청이 '생태주의'다. 생태주의는 이성적 판단과 성찰을 통해 자연과 인간의 관계를 재정립한 철학인 것이다."
144 마르틴 부버, 《나와 너》, 표재명 옮김, 문예출판사, 1993, 9쪽. 참조. "자연과 더불어 사는 삶 Das Leben mit der Natur"
145 마르틴 부버, 《나와 너》, 표재명 옮김, 문예출판사, 1993, 12쪽. 참조.
"나무는 나와 마주 서서 살고 있으며, 내가 나무와 관계를 맺고 있듯이 나무도 나와 관계를 맺고 있다. (…) 사람은 그 관계의 의미를 약화시키려고 해서는 안 된다. 관계란 상호적인 것이기 때문이다."

를 통해 피어난 "나와 너"의 아름다운 상호
관계를 마르틴 부버는 인간과 자연의 상호 관
계로 확장하라고 권유합니다.

독일의 여류 시인, 엘케 외르
트겐

　저자가 레이첼 카슨을 '생태주의자'로 확
신하는 데엔 그만한 까닭이 있습니다. 자연과
인간은 "함께 세계를 만들어가는"[146] 공생의
동반자이며 협력자라는 마르틴 부버의 생각
을 레이첼 카슨도 간직하고 있으니까요. "인
간에 의한 인간지배"의 위계질서를 해체하지 않고서는 "인간에 의한
자연지배"의 위계질서를 개혁하는 것이 불가능하다는 머레이 북친의
생각에 레이첼 카슨도 합류하고 있으니까요. 무엇보다도 카슨을 생태
주의자라고 부를 수밖에 없는 이유는 만물의 생명을 차별 없이 존중
했던 그의 인생에 있습니다.

　생물의 존재가치를 판단할 수 있는 척도는 사람의 이성, 언어, 문명
이 아니라 하늘과 대지로부터 선사 받은 '생명' 그 자체라는 것이 카슨
의 신념이었습니다. '생명'을 간직할 권리는 하늘이 모든 피조물에게
안겨준 동등한 권리임을 그는 의심하지 않았습니다. 천부인권天賦人權
과 함께 천부생명권天賦生命權을 똑같이 존중하는 '생명'에 대한 박애정

---

146 마르틴 부버, 《나와 너》, 표재명 옮김, 문예출판사, 1993, 14쪽.
　　"나무는 나와 함께 세계를 만들어가야만 한다. Er(Baum) hat mit mir zu schaffen."

신[147]은 명저 《침묵의 봄》을 움직이는 정신적 원동력이 되었습니다.

《침묵의 봄》을 읽는 독자들은 이 책이 단순히 화학물질의 독성이 일으키는 환경오염의 심각성을 고발하는 책이라는 단편적 이해의 단계를 뛰어넘게 됩니다. 하늘과 땅과 바다는 인간이 존재하지 않는다고 해도 고유한 순환질서에 의해 아무런 문제 없이 생명의 근원으로서 활동한다는 것을 느낄 수 있습니다. 자연은 인간이 관여하지 않는다고 해도 만물의 유기적 상호작용을 유구히 이어간다는 진실을 알게 됩니다.

"우리는 지구의 살점을 도려내고 / 지구의 피부로부터 털을 깎듯이 / 숲을 베어냅니다. / 더구나 구멍 숭숭한 상처 속에 / 아스팔트를 메꾸어 숨통을 틀어막지요. / 어느새 우리는 지구의 주인이 되었습니다. / 빼앗고도 이내 휙 내버리는 변덕스러운 강도가 되었습니다. / 밤낮을 가리지 않고 / 지구를 약탈하고 있습니다. / 우리는 자제심을 잃은 도굴꾼이었습니다."[148]

독일의 여류 시인 엘케 외르트겐Elke Oertgen은 그의 시 〈지구Erde〉에서 자연에 대한 인간의 주인의식과 소유의식을 이처럼 신랄하게 비

147 송용구, 《독일의 생태시》, 새미, 2007, 37쪽.
148 송용구, 《독일의 생태시》, 새미, 2007, 88~89쪽.

판했습니다. 비판의 억양이 점점 높아지면서 인간을 '자제심 잃은 도굴꾼'과 '강도'에 비유하고 있네요.

나그네로서 잠시 다녀가며 많은 것을 '지구'로부터 빌려 쓰는 인간이 언제부터 자연의 주인 행세를 하게 되었을까요? 탐욕의 노예가 되어 지구를 소유물로 삼아 자연의 생명력을 '약탈'하는 비이성적非理性的인 만행이 20세기 역사의 흐름이었다는 것을 부인할 수 없습니다.. 그 만행의 과녁을 향하여《침묵의 봄》은 매우 이성적인 비판의 화살을 쏘아 보냅니다. 비판의 화살촉에 탄력을 더해주는 활시위는 무엇일까요? 그것은 레이첼 카슨의 고백이 유년 시절부터 변함없이 간직해온 자연과의 유대감이 아닐까요? 카슨의 고백이 저자의 생각에 힘을 실어줍니다.

"나는 늘 야외나 자연계의 모든 것에 흥미를 품고 있었다. 이러한 흥미는 어머니로부터 물려받은 것이며 나는 언제나 어머니와 그것들을 나누었다. 나는 굳이 말하자면 고독한 아이로, 하루의 대부분을 숲이나 시냇가에서 보내며 작은 새나 벌레나 꽃에 대하여 공부했다."[149]

유년 시절을 회고하는 카슨의 말에서 자연에 대한 흥미가 모든 생물과의 유대감으로 발전하는 과정을 짐작할 수 있습니다. 생물학을

---

149 레이첼 카슨, <침묵의 봄>, 오정환 옮김, 《월든/침묵의 봄/센스 오브 원더》, 동서문화사, 1988, 619쪽.

주전공으로 선택하기 전에는 문학을 주전공으로 택할 정도로 시를 사랑했던 레이첼 카슨. 그의 시적詩的 재능은 자연이 안겨준 선물과 같았습니다.

"엉겅퀴 관에 머문 나비야
여름 하루 빌려다오 그 날개를
왕의 관은 바라지 않겠다
엉겅퀴 관에 머문 나비야
너의 가벼운 옷을 걸치고
난蘭꽃의 옥좌에 앉고 싶다
엉겅퀴 관에 머문 나비야
여름 하루 빌려다오 그 날개를!"[150]

엉겅퀴를 '왕의 관'에, 난蘭꽃을 왕의 '옥좌'에, 나비의 날개를 왕의 '옷'에 비유하고 있습니다. 시적 재능이 빼어나지 않습니까? 나중에는 문학을 부전공으로 바꿨지만, 생물학도의 길을 걸을수록 카슨의 시적 감수성은 더욱 섬세해졌습니다. 그는 흙, 엉겅퀴, 나비, 꽃 등 지구촌의 가족으로 살아가는 모든 피조물과 함께 감성의 심연에서 울려나오는 교감의 멜로디에 젖어들었습니다. 표트르 알렉세예비치 크로포트

150 레이첼 카슨, <침묵의 봄>, 오정환 옮김, 《월든/침묵의 봄/센스 오브 원더》, 동서문화사, 1988, 625쪽.

킨Pyotr Alekseyevich Kropotkin의 말처럼 "만물은 서로 돕는다"는 확신 속에서 숲과 새와 나무와 시냇물 사이에 이어져 있는 '생명'의 초록빛 핏줄을 아름다운 시의 언어로 예찬하였습니다.

1962년 살충제를 비롯한 화학물질의 독성이 유발하는 환경오염 과 생태파괴의 무서움을 고발했던 레이첼 카슨의 명저 《침묵의 봄》. 이 책이 단순한 르포reportage에 그치지 않고 세계인들의 가슴에 감동 의 꽃무늬를 새겨 주었던 이유들 중 한 가지는 '생명'을 향한 사랑을 시적 정서의 그릇 속에 담아냈기 때문입니다. "바다에 대하여 성실하 게 기술記述하려고 하는 사람은 누구나 시적 정서를 무시할 수 없는 것"[151]이라는 카슨의 고백이 저자의 견해를 지지해줍니다.

감동의 실루엣을 드리우는 또 하나의 이유가 있습니다. 자연에 대 한 인간의 주인의식과 지배의식이 공생共生의식과 동료의식으로 바뀌 어야 한다는 깨달음을 이 책에서 읽을 수 있기 때문입니다.

"우리들이 살고 있는 지구는 우리들 인간만의 것은 아니다. (중략) 화학 약품을 살포하는 사람들은 '높은 데에 마음을 두지 않고 자기만족에 빠져' 거대한 자연의 힘 앞에 겸손하지 않고 자연을 우롱하고 있다. '자연을 지배

---

151 레이첼 카슨, 《침묵의 봄》, 오정환 옮김, 《월든/침묵의 봄/센스 오브 원더》, 동서문화사, 1988, 631쪽.

한다'는 표현은 인간의 오만에서 유래한 것이다."¹⁵²

    -《침묵의 봄》본문 중에서

"이 세계에는 인간들만 사는 것이 아니다. 식물과 동물도 함께 살고 있다."¹⁵³

    -《침묵의 봄》머리말 중에서

    1964년 4월 17일 워싱턴 대성당에서 거행된 레이첼 카슨의 장례식에는 미합중국의 내무장관 스튜어트 유달, 상원의원 에이브러햄 리비코프 등 각계각층의 인사들이 참석하여 카슨의 정신을 계승할 것을 기약하였습니다. 리비코프 상원의원의 추도 연설을 들어볼까요.

    "이 조용한 여성은 20세기 중기의 가장 커다란 문제 가운데 하나인 인간에 의한 환경오염에 대하여 온 세상 사람들의 관심을 되살렸습니다."¹⁵⁴

    리비코프의 말이 시사하는 것처럼 인간이 저지르는 '환경오염'의 행위에 대한 '관심'은 꺼트릴 수 없는 불씨입니다. 설령 꺼진다고 해도 언제나 '지금'의 상황에서 반드시 '되살려야' 할 불꽃이라는 사실

---

152 레이첼 카슨, 〈침묵의 봄〉, 오정환 옮김, 《월든/침묵의 봄/센스 오브 원더》, 동서문화사, 1988, 594~595쪽.
153 레이첼 카슨, 〈침묵의 봄〉, 오정환 옮김, 《월든/침묵의 봄/센스 오브 원더》, 동서문화사, 1988, 64쪽.
154 레이첼 카슨, 〈침묵의 봄〉, 오정환 옮김, 《월든/침묵의 봄/센스 오브 원더》, 동서문화사, 1988, 617쪽.

을 깨닫게 됩니다. 그 깨달음을 인류의 유산으로 보존해놓은 '관심'의 불꽃 옥합이 바로 《침묵의 봄》입니다.

시인 엘리어트T. S. Eliot는 그의 시 〈황무지〉에서 "4월은 가장 잔인한 달"이라고 말했습니다. 4월의 '봄spring'에게 '침묵'을 강요하는 메커니즘에 맞서 의로운 투쟁의 길을 걸어갔던 레이첼 카슨의 생명 찬가를 이제는 우리의 노래로 계승해야 하지 않을까요?

"생태문제는 사회문제다"

– 머레이 북친, 《사회 생태론의 철학》에서

"우리들이 살고 있는 지구는
우리들 인간만의 것은 아니다.
'자연을 지배한다'는 표현은
인간의 오만에서 유래한 것이다."

– 레이첼 카슨, 《침묵의 봄》에서

제8장

모든 것을 포용하는 인간의 사랑

바울과 요한의 눈으로 읽는 칼릴 지브란의《예언자》

■《예언자》와《신약성서》

칼릴 지브란이 말하는 '인간'

철학자, 화가, 소설가, 시인으로 유럽과 미국에서 활동한 레바논의 대표작가
칼릴 지브란. 전 세계의 독자들에게 시공을 초월하는 진실을 이야기함으로써
현대인의 정신적 지주로 자리 잡은 그가 말하는 인간이란 무엇인가?

칼릴 지브란(Kahlil Gibran, 1883~1931)

소유하려는 욕심의 올가미에서 벗어나지 못한다면
사랑의 문을 열 수 없습니다.
높아져서 왕관을 쓰려는 집착을 버리고
낮아져서 십자가를 지려는 자는
이미 사랑의 열쇠를 가진 인간입니다.
티끌만 한 조건도 결부시키지 않고
실오라기의 보답도 바라지 않은 채
자신의 있는 그대로를 온전히 주려는 자가
진정한 사랑의 인간입니다.

01

서양 문화와 동양 문화의 멋들어진 앙상블, 칼릴 지브란의 문학

1883년 시리아의 영토였던 레바논의 브샤리Bsharri에서 태어난 시인 칼릴 지브란Kahlil Gibran. 그의 작품《예언자The Prophet》는 시적詩的 에세이이자 산문시집散文詩集이라고 말할 수 있습니다. 칼릴 지브란은 12세 되던 1895년에 가족과 함께 미국의 보스턴으로 이주하여 영어 문화권文化圈에서 생활했던 까닭에 대부분의 작품을 영어로 창작하였습니다. 칼릴 지브란의 대표작《예언자》도 그가 직접 영어로 저술한 작품입니다.

《예언자》는 한국의 문학 애호가들에게도 널리 알려져 있습니다. '칼릴 지브란'이라는 이름이 한국에서 명성을 얻게 된 것도 이 작품에 대한 꾸준한 반응 때문이었습니다.

지브란의 문학작품 속에는 영미英美 문화를 포함하는 서양 문화와

칼릴 지브란의 유년기. 그는 어린 시절에 어떠한 정규 교육도 받을 수 없었다. 그러나 성직자들이 정기적으로 지브란의 집을 찾아와 그에게 아랍어와 시리아 언어로 기록된 성서를 가르쳐 주었다.

아랍 문화를 포함하는 동방 문화가 멋들어진 앙상블을 이루고 있습니다. 미국으로 이주한 이후 거의 서양 사람으로 살아왔지만 12세까지 경험했던 레바논의 청정한 자연을 잊은 적이 없었으니까요. 미국에 정착한 후에도 15세 되던 1898년에는 조국으로 돌아가서 잠시나마 '베이루트'의 명문 학교에서 공부하는 등 아랍의 전통문화와 인연을 끊지 않았기 때문입니다.

'오르팔레세Orphalese'라는 도시에서 고향으로 돌아갈 배를 12년 동안이나 기다리고 있는 사람이 있었답니다. 그의 이름은 '알무스타파Almustafa'. 오르팔레세 시민들에게는 이방인이지만 가족이나 다름이 없는 인물입니다. 그는 '예언자'로 불릴 만큼 비범한 지혜와 성숙한 인격을 가진 현자賢者였지요. 12년 동안 시민들과 많은 이야기를 나누고 정을 쌓으면서 시민들의 정신을 성장시킨 스승이기도 했습니다. 그렇게 시민들의 존경을 한 몸에 받는 알무스타파가 마침내 그들과 헤어지는 '슬픔'의 시간이 찾아 왔습니다. 예언자를 고향으로 데려다줄 선박이 '안개와 더불어' 오르팔레세의 항구로 다가오고 있었던 것입니다.

도시의 남녀 사제司祭들이 "바다의 물결이 우리를 갈라놓게 하지 마소서"[155]라고 애원할 정도로 오르팔레세 시민들은 단 한 사람의 예외도 없이 예언자와의 '이별'을 원하지 않았습니다. 알무스타파는 시민들의 인생을 지탱해주는 정신적 기둥과 같은 존재였으니까요. "그대는 우리 속을 거니는 영혼이고 그대 그림자는 우리 얼굴에 빛이었나니"[156]라는 사제들의 예찬과 함께 이곳에 변함없이 머물러 달라는 시민들의 "간절한 부탁"을 사양하면서까지 고향을 향해 발길을 돌리는 예언자 알무스타파. 그의 "가슴으로 떨어지는 눈물"은 시민들과 12년 동안 나누었던 "사랑의 깊이"를 말해주는 인간성의 증인입니다.

이별의 슬픔을 눈물 속에 묻은 채 "사원 앞에 있는 광장을 향하여" 발걸음을 옮길 때 사원에서 "예언녀 알미트라Almitra"가 걸어 나왔습니다. 오르팔레세의 시민들이 알무스타파와 이별하는 것은 정해진 숙명이지만 떠나기 전에 마지막으로 이 도시의 "아이들"과 그 아이들의 후손들에게 대대로 물려줄 수 있는 "진리"[157]를 가르쳐달라고 간청하는 알미트라. "결코 멸하지 않는 진리"[158]를 가르쳐달라는 알미트라의 간청이 모든 시민의 소망을 대변하는 것임을 예언자는 잘 알고 있었습니다. 그의 눈은 시민들의 마음을 언제나 읽고 있으니까요.

알무스타파는 아버지의 심정으로 자식 같은 시민들에게 '위대한

---

155 칼릴 지브란, 《예언자》, 유제하 옮김, 범우사(범우문고 018), 1979, 29쪽.
156 칼릴 지브란, 《예언자》, 유제하 옮김, 범우사(범우문고 018), 1979, 29쪽.
157 칼릴 지브란, 《예언자》, 유제하 옮김, 범우사(범우문고 018), 1979, 30쪽.
158 칼릴 지브란, 《예언자》, 유제하 옮김, 범우사(범우문고 018), 1979, 30쪽.

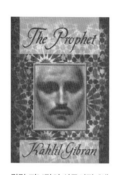

칼릴 지브란의 산문시집 《예언자The Prophet》의 영문판 표지. 사랑, 결혼, 아이들, 일, 기도, 아름다움, 자유 등 27가지 삶의 보편적인 화두가 담겨 있다.

유산'[159] 같은 가르침을 전해줍니다. 알미트라의 입에서 흘러나오는 27개의 질문에 대하여 예언자는 27개의 가르침의 보석들을 영혼의 옥합 속에 담아 줍니다.

사랑, 결혼, 아이들, 준다는 것, 먹고 마시는 것, 일, 기쁨과 슬픔, 집, 의복, 사고파는 것, 죄와 벌, 법, 자유, 이성과 정열, 고통, 자각, 가르침, 우정, 대화, 시간, 선과 악, 기도, 쾌락, 아름다움, 종교, 죽음, 작별. 이렇게 인간의 삶을 구성하는 27개의 주제들에 대하여 예언자 알무스타파는 때로는 《구약성서》에 등장하는 선지자 엘리야와 이사야처럼, 때로는 《신약성서》에 등장하는 사도 바울과 사도 요한처럼 "진리"의 빛이 흐르는 가르침을 들려줍니다.

칼릴 지브란이 레바논 태생이므로 이슬람교의 영향권에서 벗어날 수 없는 것은 당연한 일이겠지요. 그러나 그가 기독교의 한 종파인 '마론Maronite' 교회 신자들의 공동체 마을 '브샤리'에서 태어났고, 그의 외할아버지가 마론 종파의 가톨릭 성직자였으며, 그의 유년 시절

---

159 영국의 소설가 찰스 디킨스(Charles Dickens)의 소설 제목이다.

에 마른 교회 성직자들이 정기적으로 그의 집을 방문하여 아랍어와 시리아어로 번역된 《성서》를 교육하였다는 사실로부터 그의 문학 속에 자연스럽게 스며든 기독교와 《성서》의 영향을 짐작할 수 있습니다.

워싱턴에 세워진 칼릴 지브란 기념관. 1991년 조지 부시 미국 대통령이 지브란을 위한 추모 공원을 워싱턴에 헌정하였다. 지브란의 유언에 따라 그의 유해는 레바논의 교회에 안치되었다.

특히 개인적으로 《성서》에 관한 교육을 강도 높게 받았기 때문에 《신약성서》를 기록한 사도들의 정신세계로부터 적지 않은 영향을 받았을 것입니다. 미국에서의 시민 생활과 이탈리아, 스페인, 그리스 등 남유럽 지역의 여행 체험과 프랑스 파리에서의 화가 수업 등 서양 문화권의 중심에서 살아왔던 그의 인생 여정은 기독교와 《성서》의 문화적 요소를 다양한 경로를 통해 수용할 수밖에 없는 개방적 조건이었습니다. 언어예술의 기교와 형식에서도 칼릴 지브란의 문학작품 전반에 배어 있는 운율과 리듬은 《성서》로부터 그의 언어 속으로 흘러들어왔다는 문학연구가들의 견해가 지배적입니다.

다이아몬드, 사파이어, 루비, 비취, 에메랄드 등 언어의 보석상자에서 쏟아지는 27개의 갖가지 보석 같은 가르침을 관통하는 빛은 "사랑"입니다. "사랑에 대하여 말씀해주소서"[160]라는 알미트라의 첫 번째

---

160 칼릴 지브란, 《예언자》, 유제하 옮김, 범우사(범우문고 018), 1979, 32쪽.

간청에서 알 수 있듯이 27개의 주제 중에서 첫 번째의 것은 단연 "사랑"입니다. 그러나 나머지 26개의 질문에 대한 가르침 또한 '인간다움'의 꽃이라고 할 수 있는 "사랑"의 진정한 의미를 깨우쳐줍니다.

소유하지 않는 사랑, 조건 없이 베푸는 사랑, 따뜻하게 이해하는 사랑, 너그럽게 포용하는 사랑 등……. 《신약성서》의 주저자主著者인 사도 바울과 사도 요한이 각각 〈고린도전서〉와 〈요한일서〉에서 이야기했던 '사랑'의 이타적 의미를 칼릴 지브란의 《예언자》로부터 또다시 발견할 수 있습니다.

사심과 사욕 없이 순수한 마음으로 인간을 위하는 진실한 사랑은 시대, 지역, 민족, 인종, 문화, 환경의 차이를 초월하여 인류가 공유하고 동행해야 할 '인간성의 꽃길'이 아닐까요?

02

/

사도 요한의 눈으로 읽는 '사랑'의 인간

'사랑'의 의미에 대하여 질문을 받은 예언자는 사랑을 '신神의 거룩한 향연'에 비유하고 사랑을 행동으로 옮기는 자를 '성스런 빵'에 비유합니다.

"그리하여 사랑은 그대를 사랑의 성스런 불에 놓아, 신神의 거룩한 향연을 위한 성스런 빵이 되게 하리."[161]

예언자가 말하는 '빵'은 기독교에서 성물聖物로 받드는 사물이기도 합니다. 기독교와 관련지어 말한다면 '빵'은 예수 그리스도의 '최후의

---

161 칼릴 지브란, 《예언자》, 유제하 옮김, 범우사(범우문고 018), 1979, 33쪽.

레오나르도 다빈치의 명화 〈최후의 만찬〉. 기독교의 《성서》에 등장하는 예수와 제자들의 마지막 날의 모습을 그린 작품이다.

만찬'을 떠오르게 합니다. 르네상스 시대의 화가 레오나르도 다빈치 Leonardo da vinci의 명화 〈최후의 만찬〉을 머릿속에 그려보세요. 예수와 12명의 제자가 마가[162]의 다락방에 모여 앉아 이야기를 나눌 때 그들의 만남을 빛내는 사물은 '빵과 포도주'입니다. 예수는 만찬의 자리에서 모든 제자에게 공평하게 빵의 조각들을 떼어 주며 "받아서 먹으라. 이것은 내 몸이니라"[163]고 말합니다. 예수의 말처럼 '빵'이 예수의

---

162 《신약성서》의 4대 복음서(福音書) 중 하나인 《마가복음》의 저자로 알려져 있다. 마가는 기독교의 역사에서 최초의 복음서를 저술했다는 의의를 갖는 인물이다. 《사도행전》에는 바나바의 사촌으로서 바나바와 사도 바울과 함께 전도여행을 떠난 인물로도 기록되어 있다.
163 《마태복음》 26장 26절, 《성경전서-킹제임스 흠정역 한영대역》, 그리스도 예수안에, 2008, 54쪽.

'몸'이라면, 빵은 하나님의 몸을 뜻합니다. 기독교의 삼위일체三位一體 교리에 따르면 예수 그리스도는 성부聖父 하나님 및 성령聖靈[164] 하나님 과 동일한 위치에 있는 성자聖子 하나님이기 때문입니다.

"빵을 받아서 먹으라 이것은 내 몸이니라"는 예수의 말을 기독교의 교리대로 해석한다면 "빵을 먹는 것은 곧 하나님의 몸을 먹는 것과 같다"는 결론에 이르게 됩니다. 그렇다면 예수가 강조한 '빵'은 음식 만을 의미하는 사물이 아닐 것입니다. 기독교의 '하나님'과 관련된 정 신적 의미가 깃들여 있다는 것을 알 수 있습니다.

'빵'을 먹음으로 하나님의 몸을 먹게 되는 인간의 삶이란 도대체 어 떤 삶을 의미하는 것일까요? 그 실마리를 사도 요한John the Apostle 의 말에서 찾아볼까요?

1611년에 출간된 《킹 제임스 성서The King James Bible》 중 〈요한일 서〉 제4장 8절에는 "God is love"[165] 라는 사도 요한의 말이 기록되어 있습니다. 한국어로 옮기면 말 그대로 "하나님은 사랑이다"라는 뜻이 됩니다. '하나님'이라는 존재의 본질은 다름 아닌 '사랑'이며 사랑을 제외한다면 하나님의 신성神性을 설명할 수 없다는 것으로 해석할 수

---

164 개신교(프로테스탄티즘)에서는 '성령'이라 부르지만 카톨릭에서는 '성신(聖神)'이라 부르고 있다.
165 《요한 일서一書》 4장 8절, 《성경전서-킹제임스 흠정역 한영대역》, 그리스도 예수안에, 2008, 445 쪽.

있겠지요. 그렇다면 예수 그리스도가 말했던 '빵'과 '몸'의 의미가 베일을 벗고 걸어 나옵니다.

"이 빵을 받아서 먹으라 이것은 내 몸이니라"고 제자들에게 말했던 예수 그리스도를 기독교의 교리대로 '성자聖子 하나님'으로 바라본다면 그의 말은 '하나님의 몸'과 다름없는 '사랑'을 먹으라는 당부와 같아집니다. '사랑'을 먹고 그 사랑을 몸속에 스며들게 하라는 가르침이 되겠지요.

'체화體化'라는 말이 떠오릅니다. 몸속 깊이 받아들여 몸의 일부가 되게 하는 행위입니다. 예수 그리스도의 입장에서 제자들에게 하나님의 몸과 같은 '빵'을 나누어 주는 것은 하나님의 본질인 '사랑'을 베푸는 것입니다. 그러나 제자들의 입장에서 '빵'을 예수 그리스도의 몸으로 '받아서 먹는다'는 것은 어떤 '체화'의 상태를 의미할까요? 하나님의 '사랑'을 그들의 몸속으로 받아들여 몸의 일부가 되듯이 그들의 인격이 되게 하는 것이 아닐까요? 하나님의 '사랑'이 제자들의 삶 속으로 스며들어서 그들의 인격과 완전히 일치하게 되는 가장 인간다운 변화를 뜻하는 것이 아닐까요? 제자들에게 '빵'을 나누어준 예수 그리스도의 의도는 그들의 인격적 변화에 있었던 것입니다.

"사랑 안에 살아가는 사람은 하나님 안에 살아가고 하나님도 그 사람 안에 살아간다."[166]

---

166 《요한 일서》 4장 16절, 《성경전서-킹제임스 흠정역 한영대역》, 그리스도 예수안에, 2008, 446쪽.

사도 요한의 말이 예수의 희망을 증언하고 있습니다. 인간이 '빵'을 먹고 빵을 완전히 몸속으로 흡수한다면 빵의 영양분은 몸의 일부가 되는 것입니다. 이처럼 하나님의 '사랑'을 몸과 마음속으로 진실하게 받아들인 인간은 이미 하나님과 한 몸이 되

귀도 레니의 1640년 작 〈책 읽는 사도 요한〉. 사도 요한의 성화에는 책, 독수리, 컵 속에 든 뱀 등이 등장한다.

었다고 볼 수 있겠지요. 하나님과 한 몸이 되었다면 하나님의 본질인 '사랑'을 타인들에게 전하고 베푸는 것은 자연스러운 행동이 아닐까요? "하나님도 그 사람 안에 살아간다"는 사도 요한의 말은 '빵'을 하나님의 '몸'으로 먹고 받아들인 인간이라면 마땅히 하나님의 본질인 '사랑'을 자신의 인격으로 변화시켜 생활 중에 실천할 수밖에 없다는 것을 뜻합니다.

그런 까닭에 사도 요한은 다음과 같이 사랑의 실천적 의미를 강조하는 것이 아닐까요?

"어떤 사람이, 나는 하나님을 사랑하노라, 하고 자기 형제를 미워하면 그는 거짓말하는 자니 자기가 본 자기 형제를 사랑하지 아니하는 자가 어찌 자기가 보지 못한 하나님을 사랑할 수 있으리요?"[167]

무신론자無神論者들이나 기독교인이 아닌 사람들도 사도 요한의 말

---

[167] 《요한 일서》 4장 20절, 《성경전서-킹제임스 흠정역 한영대역》, 그리스도 예수안에, 2008, 446쪽.

에 다음과 같이 동의하지 않을까요?

"그래. 맞아. 맞는 말이라고.《성서》에서 '누구든지 네 오른뺨을 치거든 그에게 다른 뺨도 돌려대라'[168]는 말과 '너희 원수들을 사랑하라'[169]는 말을 읽은 적이 있는데, 교회나 성당을 다니면서 입으로는 '하나님을 사랑한다'고 말하면서도 마음속에 누군가를 미워하는 생각이 가득하다면 그 사람은 위선자야. 자기가 믿는다는 하나님을 사랑하지 않는 게 분명해."

《예언자》에 등장하는 '알무스타파'는 《성서》에서 만날 수 있는 예수 그리스도, 사도 요한, 사도 바울의 형상과 여러모로 닮아 보입니다. 그리고 '오르팔레세'의 시민들에게 들려주는 알무스타파의 '사랑'에 관한 가르침은 예수가 전해주는 '빵'의 의미와 사도 요한이 이야기하는 '사랑'의 의미를 이어주는 아름다운 매듭 역할을 합니다. 또한 곧이어 만나게 될 사도 바울의 '사랑' 이야기와도 연결될 의미의 고리가 보입니다.

"신神의 거룩한 향연을 위한 성스러운 빵이 되라"는 예언자의 가르침은 진정한 사랑이 무엇인지를 일깨워 주려는 의도가 있습니다. 여사제 "알미트라"와 시민들이 간절히 알고 싶어 하는 것이 '사랑'의 의

---

168 《마태복음》 5장 39절, 《성경전서-킹제임스 흠정역 한영대역》, 그리스도 예수안에, 2008, 8쪽.
169 《마태복음》 5장 44절, 《성경전서-킹제임스 흠정역 한영대역》, 그리스도 예수안에, 2008, 9쪽.

미이기 때문입니다. 그러므로 그들의 마음의 노트에 알무스타파가 적어 주려는 '사랑'이라는 "성스러운" 낱말은 신神의 빵과 떼려야 뗄 수 없는 연관성을 갖고 있습니다. 예언자 알무스타파가 강조하는 신神의 빵은 '사랑'을 상징하는 이름인 것입니다. 알무스타파의 가르침은 '마가의 다락방'에서 예수 그리스도가 나누어준 빵의 의미와 사도 요한이 전해준 '사랑'의 의미를 한 가닥의 실로 이어주는 신神의 바늘 역할을 할 수 있습니다.

"신神의 거룩한 향연을 위한 성스러운 빵이 되라"는 알무스타파의 말을 예수 그리스도와 사도 요한은 다음과 같이 해석하지 않을까요?

"한 조각의 빵이 누군가의 몸속으로 들어가서 그의 몸에 에너지를 공급하는 것처럼 하나님의 '사랑'안에 살아가면서 그 사랑을 가난한 사람들에게 아낌없이 안겨주어라."

이렇게 예수 그리스도와 사도 요한은 알무스타파가 '베풂'과 '나눔'의 삶을 권유하고 있다고 생각할 것입니다. 그것이 하나님이 원하는 가장 인간다운 삶이니까요. '베풂'과 '나눔'이 없는 곳에서는 하나님의 본질인 '사랑'을 느낄 수 없으니까요.

예언자 알무스타파의 입술을 타고 흘러나오는 '사랑'의 노래는 소외된 형제와 이웃을 도와주는 인류애적人類愛的 사랑의 테마를 지나 남자와 여자의 '사랑'이라는 개인적 사랑의 테마로 멜로디를 바꿉니다. 고이지 않고 흘러가는 맑은 강물처럼 '사랑'의 이야기는 테마의 변주곡을 들려주는 듯합니다. 알무스타파가 시민들에게 가르치는 남녀 간의 '사랑'은 애욕愛慾의 격정에 사로잡히는 사랑이 아닙니다. 애인을 소유하려는 욕심을 버리고 애인의 행복을 위해 헌신하는 것을 기꺼이 선택하는 사랑입니다.

"오로지 사랑의 평화와 사랑의 기쁨만을 희구한다면 그땐 차라리 그대 알몸을 가리고 사랑의 타작 마당을 나가는 게 더 나으리 (중략) 사랑은 사랑 외엔 아무것도 주지 않으며 사랑 외엔 아무것도 구하지 않는 것. 사랑은 소유하지도 소유 당할 수도 없는 것. 사랑은 다만 사랑으로 족할 뿐."[170]

남녀 간의 사랑을 흔히 '에로스'라고 합니다. 알무스타파는 에로스에 빠져 있는 두 사람이 저지르기 쉬운 잘못을 경계하라고 권고하는 것이 아닐까요? 사랑의 정열과 격정에 휩싸이다 보면 애인을 송두리째 '소유하려는' 욕심의 올무에 걸려들어 애인의 자유와 행복을 무시하는 과오를 범할 수 있기 때문입니다. '데이트 폭력'이라는 사회문제가 빈번하게 보도 매체의 도마 위에 오르는 대한민국의 현실을 돌아본다면 우리 시대의 젊은이들이 경청해야 할 조언입니다.

애인은 독립적 인격체입니다. 애인을 진심으로 사랑한다면 그의 인생을 내 '소유'의 올가미에 옭아맬 수 없습니다. "사랑하는 것은 사랑

---

170 칼릴 지브란, 《예언자》, 유제하 옮김, 범우사(범우문고 018), 1979, 29쪽.

을 받느니보다 행복하나니라"[171]고 했던 어느 시인의 말처럼 진실한 사랑은 애인에게서 무언가를 받으려는 생각보다는 먼저 애인에게 무언가를 주려는 생각 속에 사무치는 것이니까요.

"사랑은 소유하지도 소유당할 수도 없는 것. 사랑은 다만 사랑으로 족할 뿐"이라는 알무스타파의 가르침에서 애인을 위한 존중과 헌신으로 기쁨을 느끼는 것이 '에로스'의 진실임을 배울 수 있습니다. "마음속으로 사랑하는 이를 위하여 기도하고 그대 입술로 찬미의 노래를 부르며 잠들라"[172]는 알무스타파의 마지막 말은 '에로스'가 육체적 욕망의 불길로만 타오르는 것이 아니라는 것을 일깨워 줍니다.

불우하고 어려운 형편에 놓인 이웃을 보살펴주는 인류애적人類愛的 사랑과 남녀 간의 사랑은 성격이 다르면서도 공통점을 갖고 있습니다. 그것은 사랑의 본질적 속성인 이타성利他性입니다.

철학자 마르틴 부버의 말을 빌려 말한다면 '너'의 행복을 위해 '나'의 "온 존재를 기울여"[173] 정성을 다하고 '나'의 몸과 생명을 기꺼이 희생할 수 있는 사랑을 의미합니다. 이러한 이타적 '사랑'이 진정한 에로스와 인류애적人類愛的 사랑의 공통점입니다.

"그대 사랑할 때 결코 '신神이 내 마음속에 계시다'라고 말해선 안

---

171 청마 유치환 시인의 시 〈행복〉의 1행과 2행이다.
172 칼릴 지브란, 《예언자》, 유제하 옮김, 범우사(범우문고 018), 1979, 35쪽.
173 마르틴 부버, 《나와 너》, 표재명 옮김, 문예출판사, 1993, 6쪽.

되리. 그보다는 '내가 신의 마음속에 있다'라고 해야 하리."[174]

알무스타파의 말은 "사랑 안에 살아가는 사람은 하나님 안에 살아간다"라는 사도 요한의 가르침을 또다시 상기시켜 줍니다. 이웃을 사랑하는 사람도, 애인을 사랑하는 사람도 그들의 사랑이 진실하다면 신神의 본질인 '사랑 안에서 살아가는' 것이며 그 사랑은 '나'보다는 '너'를 위해 "십자가"를 짊어지는 이타성의 빛을 간직하고 있다는 것을 읽을 수 있습니다. 알무스타파가 헌신과 희생의 상징인 "십자가"를 언급한 까닭이 여기에 있습니다.

"사랑이 그대에게 왕관을 씌우려 할 때, 그는 그대에게 십자가도 함께 지울 것이라."[175]

사도 요한의 눈으로 칼릴 지브란의 《예언자》를 읽을 때에 '사랑'의 본질적 속성인 이타성의 빛이 시냇물의 실로폰 소리처럼 청아하게 흘러나옵니다. 그렇다면 《신약성서》의 주저자主著者라고 해도 지나침이 없는 사도 바울 또한 '사랑'의 가르침을 인류에게 전하는 예언자로서 군계일학群鷄一鶴 같은 성인이 아니었던가요?

바울이 〈고린도전서〉 13장에서 들려주는 이야기는 '사랑'의 전범典範으로 추앙받는 예언자의 가르침입니다. 칼릴 지브란의 《예언자》를

---

174 칼릴 지브란, 《예언자》, 유제하 옮김, 범우사(범우문고 018), 1979, 34쪽.
175 칼릴 지브란, 《예언자》, 유제하 옮김, 범우사(범우문고 018), 1979, 32쪽.

'불후의 명곡'[176]에 비유한다면 여기에 삽입된 알무스타파의 '사랑' 노래는 작곡가 바울에 의해 또 어떤 감동의 음악으로 편곡될 수 있을까요? 〈고린도전서〉를 펼쳐서 바울의 '사랑'을 만나보겠습니다.

---

[176] 공영 방송국 KBS 2TV에서 매주 토요일 저녁에 방영되는 대중 음악프로그램이다.

03

사도 바울의 눈으로 읽는
조건 없는 '사랑'

"사랑은 오래 참고 사랑은 온유하며 시기하지 아니하며 사랑은 자랑하지 아니하며 교만하지 아니하며 무례히 행하지 아니하며 자기의 유익을 구하지 아니하며 성내지 아니하며 악한 것을 생각하지 아니하며 불의를 기뻐하지 아니하며 진리와 함께 기뻐하고 모든 것을 참으며 모든 것을 믿으며 모든 것을 바라며 모든 것을 견디느니라 사랑은 언제까지 떨어지지 아니하되 예언도 폐하고 방언도 그치고 지식도 폐하리라 (중략) 그런즉 믿음, 소망, 사랑, 이 세 가지는 항상 있을 것인데 그 중의 제일은 사랑이라."[177]

---

177 《고린도전서》 13장 4~13절, 《성경전서-개역개정판》, 대한성서공회, 1998, 279쪽.

사도 바울이 이야기하는 '사랑'은 사도 요한의 '사랑'처럼 하나님의 사랑을 의미한다는 사실만큼은 부인할 수 없습니다. 그러나 그가 예찬하는 '사랑'의 성격은 종교와 무신론의 경계를 초월하여 휴머니즘의 빛을 발합니다. 인간을 진실하게 사랑하는 인생의 말과 행동과 모습이 무엇인지를 인류에게 가르쳐 줍니다.

칸트의 말처럼 '존엄성'과 '인격'을 가짐으로 결코 "수단으로만 이용되어서는 안 되는 목적 그 자체"인 존재가 '인간'이라면, 인간을 어떻게 사랑하는 것이 인간을 '목적'으로 존중하는 길이 될까요? 그 길을 안내해줄 훌륭한 가이드로서 사도 바울은 알무스타파와 동행합니다.

"사랑에 대하여" 깨달음을 얻으려는 여사제 알미트라에게 '사랑'의 빛을 보여주기 위해 오르팔레세 시민들과 함께 "사원寺院 앞에 있는 광장을 향하여 천천히 나아가던"[178] 알무스타파의 발걸음이 눈에 선합니다. '고린도 교회' 교인들에게 '사랑'의 의미를 전하기 위해 사랑의 바람결을 타고 그리스의 코린토스Korinthos[179] 땅으로 천천히 흘러가던 바울의 편지가 알무스타파의 발걸음과 함께 오버랩overlap 됩니다.

'준다는 것Giving'[180]의 의미를 말해달라는 어느 부유한 사람의 간청

---

178 칼릴 지브란, 《예언자》, 유제하 옮김, 범우사(범우문고 018), 1979, 29쪽.
179 그리스 펠로폰네소스 반도에 위치한 고대 그리스의 도시 국가. 현존하는 도시이기도 하다. 사도 바울의 선교 활동으로 세워진 '고린도 교회'로 알려진 도시다. 한글 《성서》에 기록된 지명 '고린도'와 일치한다.
180 칼릴 지브란, 《예언자》, 유제하 옮김, 범우사(범우문고 018), 1979, 39쪽.

고린도 바울 기념 교회의 내부에 있는 사도
바울 모자이크 벽화

에 대하여 예언자 알무스타파는 보
답을 기대하지 않는 것이 '준다는
것'의 참뜻이라고 대답합니다. 예언
자의 말은 사도 바울이 고린도 교회
의 교인들에게 들려주었던 조건 없
는 '사랑'의 의미를 생각나게 합니다.

"그대 가진 것을 준다는 것은 사실
아무것도 주지 않는 것이다. 진실로 준다는 것은 그대 자신을 줄 때
뿐."[181]

가진 것을 주는 것이 어떻게 아무것도 주지 않는 일이 될 수 있나
요? 알무스타파의 말이 조금은 아리송합니다. 다른 사람에게 무언가
를 베푼다고 해서 그 행동이 반드시 상대방에게 '사랑'으로 느껴지는
것은 아니라는 뜻이 아닐까요? "자신을 줄 때"에만 비로소 누군가에
게 주었다고 확신할 수 있다는 예언자의 두 번째 말에서 '사랑'의 참
뜻이 밝아옵니다. 아무 조건 없이 베풀고 아무 보답을 바라지 않는 마
음으로 줄 때 그 행동은 상대방에게 "자신을 주는" 사랑으로 다가갈
것이라는 숭고한 뜻을 읽을 수 있습니다.

알무스타파의 생각은 "자기의 이익을 구하지 않고 모든 것을 덮어
주는" 것이 진정한 사랑이라고 말했던 사도 바울의 생각과 매우 닮았

---

181 칼릴 지브란, 《예언자》, 유제하 옮김, 범우사(범우문고 018), 1979, 39쪽.

습니다. 누군가를 돕기 위해 '주는' 사람들은 누군가에게 '준다는 것'으로 "기쁨을 구하지도 않으며 '덕德'을 행한다는 생각조차 없이 주는 이들"[182]이라고 알무스타파는 말합니다. 도움이 필요한 누군가에게 "준다는 것"을 인간의 마땅한 도리로 여기고 당연한 "덕德"으로 실천하는 것이 진정한 사랑임을 일깨워 줍니다.

순수한 마음에서 우러나오는 사랑은 무언가를 주거나 도와줄 때도 보답을 기대하지 않습니다. 진정한 사랑은 바울의 말처럼 "자기의 이익을 구하지 않는" 행동이므로 혹시라도 나에게서 큰 도움을 받은 사람이 고마움을 느끼지 않거나 감사를 표시하지 않거나 보답하지 않는다고 해도 불쾌해지지 않습니다. 주는 것과 돕는 것의 목적을 100퍼센트 상대방을 위하는 데 두기 때문입니다. 주는 것과 돕는 것의 의미를 단 1퍼센트라도 '나'를 위하는 데 둔다면 그것은 진정한 사랑이 아닙니다.

바울이 말했던 "오래 참고 친절하며 성을 내지 않으며 모든 것을 덮어주는" 사랑이란 보답과 대가를 1퍼센트도 원하지 않는 조건 없는 사랑을 의미합니다. 누군가에게 아낌없이 주면서도 전혀 보상을 기대하지 않고 감사조차도 바라지 않는다는 것이 인간으로서 과연 가능한가? 라고 의문을 품을만합니다. 그러나 "사랑 안에 살아가는 사람은 하나님 안에 살아간다"고 사도 요한이 말할 때에 그 '사랑'은 하나님

---

182 칼릴 지브란, 《예언자》, 유제하 옮김, 범우사(범우문고 018), 1979, 40쪽.

그리스의 고린도 바울 기념 교회

의 무조건적 사랑을 뜻하는 그리스어 '아가페Agapé'와 같은 의미를 지닙니다. 보상과 대가를 바라지 않는 사랑만이 하나님이 원하는 사랑이며 하나님의 본질과 일치하는 진정한 '사랑'임을 사도 요한도 강조하고 있는 것입니다.

설령 '나'에게서 큰 도움을 받은 사람으로부터 보답은커녕 오히려 배신을 당한다고 해도 그 사람에게 준 것을 아까워하지 않고, 그 사람을 도와준 행동을 절대로 후회하지 않으며, 인간으로서 마땅히 할 일을 한 것뿐이라고 생각하는 것이 진정한 '사랑'임을 바울과 요한의 이야기로부터 깨닫게 됩니다.

"주면서도 고통을 알지 못하고 기쁨을 구하지도 않으며, 덕德을 행한다는 생각조차 없이 주는 이들이 있으니. 그들은 주되 마치 저 세곡의 상록수가 대기에 향기를 풍기는 듯 하느니라. 이 같은 이들의 손을 통해 '신神'은 말씀하시고 그들의 눈 뒤에서 '그분'은 대지에 미소를 보내노라"[183]

이처럼 조건과 계산을 초월하여 "자신을 주는"[184] 것만이 진정한 사

---

183 칼릴 지브란,《예언자》, 유제하 옮김, 범우사(범우문고 018), 1979, 40쪽.
184 칼릴 지브란,《예언자》, 유제하 옮김, 범우사(범우문고 018), 1979, 39쪽.

랑이라고 말하는 알무스타파의 가르침이 '상록수의 향기'처럼 바울과 요한의 '사랑'을 포근히 품어 줍니다. 세 명의 예언자들은 인간에게 감동을 줄 수 있는 가장 인간다운 사랑은 '주고받는 것'이 아니라 '오직 주는 것뿐'이라고 하나의 목소리를 모읍니다. "요청받을 때 주는 것은 좋은 일이지만 요청받기 전에 알아서 주는 것은 더욱 좋은 일"[185] 이라는 알무스타파의 말이 '받는 것'의 의미를 잊어버린 '사랑'의 참 모습을 보여줍니다.

"주기는 하되 오로지 보상받을 데만 하는"[186] 자들은 언제나 '받는 것'을 전제조건으로 '주는 것'을 계획하는 자들입니다. '사랑'이라는 가면으로 욕망의 얼굴을 가리고 있는 그들에게 알무스타파는 충고를 아끼지 않습니다. "과수원의 나무들"[187]도 자연법칙에 따라 풍성한 열매를 인간에게 주고, "목장의 양 떼"[188]도 자연의 순리에 따라 털옷을 인간에게 선사하지만, 나무들과 양 떼는 "보상을 받을 데만 하는"것이 아니라 모든 인간에게 차등 없이 열매와 털옷을 베푼다는 것을 일깨 워줍니다. 하물며 이성을 가진 인간이 보상과 수익을 받을 데만 골라 서 무언가를 '준다는 것'은 이성의 힘을 잘못 사용하여 자신을 삭막한 삶의 황무지로 이끄는 길이 될 뿐이라고 알무스타파는 충고합니다.

---

185 칼릴 지브란,《예언자》, 유제하 옮김, 범우사(범우문고 018), 1979, 40쪽
186 칼릴 지브란,《예언자》, 유제하 옮김, 범우사(범우문고 018), 1979, 41쪽.
187 칼릴 지브란,《예언자》, 유제하 옮김, 범우사(범우문고 018), 1979, 41쪽.
188 칼릴 지브란,《예언자》, 유제하 옮김, 범우사(범우문고 018), 1979, 41쪽.

가을에 나무들은 그들의 과일을 인간에게 아낌없이 안겨주고도 이듬해 봄에는 더욱 건강한 몸으로 대지에 두 발을 딛고 서 있습니다. 오늘 하루 인간의 허파 속에 맑은 공기를 불어 넣은 나무들이 내일 아침이면 새로운 숨결을 인간의 가슴에 입혀 줍니다. 양 떼는 그들의 털옷을 인간에게 내어주고도 며칠이 지나면 더욱 깨끗한 옷을 입고 초원 위에 순결한 모습을 선보입니다.

이처럼 '준다는 것'을 일상의 삶 그 자체로 받아들이는 자들이 "사랑 속에 놓여 있는"[189] 진정한 인간이 아닐까요? "낮과 밤을 맞이하는"[190] 모든 인간을 존엄한 존재로 존중하면서 인간에게 조건 없이 주는 사랑을 가장 영예로운 보상으로 여기고 살아가는 자들이 가장 아름다운 인간이 아닐까요? 그 사랑의 진실을 예언자의 연필로 마음의 노트에 적어 봅니다.

189 칼릴 지브란, 《예언자》, 유제하 옮김, 범우사(범우문고 018), 1979, 41쪽.
190 칼릴 지브란, 《예언자》, 유제하 옮김, 범우사(범우문고 018), 1979, 41쪽.

"어떤 사람이, 나는 하나님을 사랑하노라, 하고
자기 형제를 미워하면 그는 거짓말하는 자니
자기가 본 자기 형제를 사랑하지 아니하는 자가
어찌 자기가 보지 못한 하나님을 사랑할 수 있으리오?"

– 사도 요한, 《요한 일서》 중에서

"사랑은 사랑 외엔 아무것도 주지 않으며
사랑 외엔 아무것도 구하지 않는 것.
사랑은 소유하지도 소유 당할 수도 없는 것.
사랑은 다만 사랑으로 족할 뿐."

– 칼릴 지브란, 《예언자》 중에서

부록

찾아보기

인명人名 찾아보기

저서, 작품, 문헌 찾아보기

/

사상思想, 사조思潮, 유파流派 찾아보기

지명地名 및 장소 찾아보기

/

참고문헌

/

제1장

가장 중요한 목적은 인간이다

▶ 이마누엘 칸트와 토머스 모어의 눈으로 읽는 이상의《날개》

* 오선민, 〈고전 인물로 다시 읽기〉(29) '오감도' 이상, 〈서울신문〉 2011년 10월 24일.

* 이상,《오감도》(한국대표명시선 100), 시인생각, 2013.

* 이상,《이상 단편선 날개》, 문학과지성사, 2005.

* 카를 마르크스,《경제학.철학초고/자본론/공산당선언/철학의빈곤》, 동서문화사, 2008.

* 최서해,《탈출기》(한국문학을 권하다 29), 애플북스, 2015.

* Erich Fried, 〈Humorlos〉, in:《Anfechtungen Fuenfzig Gedichte》, Verlag Klaus Wagenbach, Berlin 2001.

* 머레이 북친,《사회생태론의 철학》, 문순홍 옮김, 솔출판사, 1997.

* 박두진,《예레미야의 노래》, 창작과비평사, 1981.

* 이달균,《장롱의 말》, 고요아침, 2005.

* 프리드리히 횔덜린, 〈빵과 포도주〉,《히페리온의 노래 - 횔덜린의 자유와 사랑의 시》, 송용구 옮김, 고려대학교 출판부, 2004.
* 라인홀드 니부어,《도덕적 인간과 비도덕적 사회》, 이한우 옮김, 문예출판사, 1992.
* 이마누엘 칸트,《도덕 형이상학을 위한 기초 놓기》, 이원봉 옮김, 책세상, 2002.
* 토머스 모어 지음,《유토피아》, 나종일 옮김, 서해문집, 2005.
*《성경전서-킹제임스 흠정역 한영대역》, 그리스도 예수안에, 2008.
* 김현승,《마지막 지상에서》, 창작과비평사, 1975.
* 이마누엘 칸트,《칸트의 말》, 하야마 나카바 엮음 · 김치영 옮김, 삼호미디어, 2014.
* 송용구,《인문학 편지》, 평단, 2014.

/

제2장
인생의 궁극적 가치는 상생이다

▶ 라인홀드 니부어의 눈으로 읽는 프란츠 카프카의《변신》

* 프란시스 아말피 지음,《불멸의 작가들》, 정미화 옮김, 월컴퍼니, 2013.
* 송용구,《독일의 생태시》, 새미, 2007.
* 프란츠 카프카 지음,《변신》, 이재황 옮김, 문학동네, 2005.
* 라인홀드 니부어,《도덕적 인간과 비도덕적 사회》, 이한우 옮김, 문예출판사, 1992.
* 이상,《이상 단편선 날개》, 문학과지성사, 2005.

제3장
상호존중은 가장 빛나는 인간성

▶ 마르틴 부버의 눈으로 읽는 미겔 데 세르반테스의 《돈키호테》

* 세르반테스, 《돈 키호테 1》, 김현창 옮김, 세계문학전집 4, 동서문화사, 1981.

* 햇살과나무꾼 지음, 《햄릿에서 데미안까지 명작의 탄생》, 2010.

* 《성경전서》 개역개정판, 대한성서공회, 1998.

* 마르틴 부버, 《나와 너》, 표재명 옮김, 문예출판사, 1993.

* 송용구, 《인문학 편지》, 평단, 2014.

* 라인홀드 니부어, 《도덕적 인간과 비도덕적 사회》, 이한우 옮김, 문예출판사, 1992.

* 프란시스 아말피 지음, 《불멸의 작가들》, 정미화 옮김, 월컴퍼니, 2013.

* Gerhard Wehr, 《Martin Buber》, Reinbek bei Hamburg 1968.

제4장
황무지를 옥토로 바꾸는 인간의 의지

▶ 하이데거와 야스퍼스의 눈으로 읽는 펄 벅의 《대지》

* 마르틴 하이데거, 《존재와 시간》, 이규호 옮김, 청산문화사, 1974.

* 박찬국, 《하이데거의 '존재와 시간' 읽기》, 세창미디어, 2013.

* 발리스 듀스 지음, 《현대사상》, 남도현 옮김, 개마고원, 2002.

* 라인홀드 니부어, 《도덕적 인간과 비도덕적 사회》, 이한우 옮김, 문예출판사,

1992.

*《성경전서》 개역개정판, 대한성서공회, 1998.

/

제5장
기다림과 희망의 변주곡, 그것이 인생이다

▶ 알베르 카뮈의 눈으로 읽는 베케트의 《고도를 기다리며》

* 송용구,《독일 현대문학과 문화》, 들꽃, 2006.

* 사뮈엘 베케트,《고도를 기다리며》, 오증자 옮김, 민음사(세계문학전집 43),
  2000.

* 가메야마 이쿠오 외 지음,《절대지식 세계문학》, 임희선 옮김, 이다미디어,
2005.

* 알베르 카뮈,《시지프스의 신화》, 민희식 옮김, 육문사, 1990.

* 에드워드 사이드,《오리엔탈리즘》, 박홍규 옮김, 교보문고, 2007.

/

제6장
불의의 도전에 맞서는 인간의 응전

▶ 아널드 토인비의 눈으로 읽는 헤르만 헤세의 〈아벨의 죽음에 관한 노래〉

* 헤르만 헤세,《헤르만 헤세 대표 시선》, 전영애 옮김, 민음사, 2007.

* 아널드 토인비 지음. D. C. 서머벨 엮음,《역사의 연구 1》, 박광순 옮김, 범우사,

1992.

* 잉게 숄,《아무도 미워하는 자의 죽음》, 송용구 옮김, 평단, 2012.

* 송용구,《인문학 편지》, 평단, 2014.

* 프란시스 아말피 지음,《불멸의 작가들》, 정미화 옮김, 월컴퍼니, 2013.

/

제7장
인간은 생태계의 지킴이이다
▶ 머레이 북친의 눈으로 읽는 레이첼 카슨의 《침묵의 봄》

* 머레이 북친,《사회생태론의 철학》, 문순홍 옮김, 솔출판사, 1997.

* 레이첼 카슨, 〈침묵의 봄〉, 오정환 옮김,《월든/침묵의 봄/센스 오브 원더》, 동서
  문화사, 1988.

* 송용구,《독일의 생태시》, 새미, 2007.

* 송용구, 〈세속화의 질주에 저항하는 시인들의 생명의식〉,《도요무크 9》, 2016.

* 알빈 필 Alwin Fill,《생태 언어학》, 박육현 옮김, 한국문화사, 1999.

* 구승회,《생태철학과 환경윤리》, 동국대학교 출판부, 2001.

* 김현승,《마지막 지상에서》, 창작과비평사, 1975.

* 쉘 실버스타인,《아낌없이 주는 나무》, 김제하 옮김, 소담출판사, 1998.

* 앤서니 기든스,《제3의 길》, 한상진 외 옮김, 생각의나무, 1998.

* 송용구, 〈생태주의 관점에서 바라본 문화적 상호의존 관계와 제2외국어 교육〉,
  《카프카 연구》제16집, 한국카프카학회, 2006.

* 마르틴 부버,《나와 너》, 표재명 옮김, 문예출판사, 1993.

/

제8장
모든 것을 포용하는 인간의 사랑

▶ 바울과 요한의 눈으로 읽는 칼릴 지브란의 《예언자》

* 칼릴 지브란, 《예언자》, 유제하 옮김, 범우사(범우문고 018), 1979.

* 《성경전서-킹제임스 흠정역 한영대역》, 그리스도 예수안에, 2008.

* 마르틴 부버, 《나와 너》, 표재명 옮김, 문예출판사, 1993.

* 《성경전서》 개역개정판, 대한성서공회, 1998.

인간의 이해를 위한 교양 필독서

/
ㄱ

《간디 자서전An Autobiography or The Story of My Experiments with Truth》, 마하트마 간디 Mahatma Gandhi

《걸리버 여행기Gulliver's Travels》, 조너선 스위프트Jonathan Swift

《계몽의 변증법Dialectic of Enlightenment》, 아도르노Theodor Adorno · 호르크하이머Max Horkheimer

《고도를 기다리며En Attendant Godot》, 사뮈엘 베케트Samuel Beckett

《고백록告白錄, Confessions》, 아우구스티누스Augustinus, Aurelius

《공산당 선언The Communist Manifesto》, 카를 마르크스Karl Heinrich Marx · 프리드리히 엥 겔스Friedrich Engels

《구운몽九雲夢》, 김만중金萬重

《그리스 · 로마 신화Greek · Roman mythology》

《금병매金甁梅》, 소소생笑笑生

《기탄잘리Gitanjali》, 라빈드라나트 타고르Rabindranath Tagore

《꿈의 해석Die Traumdeutung》, 지그문트 프로이트Sigmund Freud

ㄹ

《레 미제라블Les Miserables》, 빅토르 위고Victor Marie Hugo

《로미오와 줄리엣Romeo and Juliet》, 윌리엄 셰익스피어William Shakespeare

《로빈슨 크루소Robinson Crusoe》, 대니얼 디포Daniel Defoe

《리어 왕King Lear》, 윌리엄 셰익스피어William Shakespeare

ㅁ

《맹자孟子》, 맹자孟子

《맥베스Macbeth》, 윌리엄 셰익스피어William Shakespeare

《모비 딕Moby-Dick》, 허먼 멜빌Herman Melville

《목민심서牧民心書》, 정약용丁若鏞

《몬테크리스토 백작Le Comte de Monte-Cristo》, 알렉상드르 뒤마Alexandre Dumas

《문명의 충돌The Clash of Civilizations》, 새뮤얼 헌팅턴Samual P. Huntington

《문학과 예술의 사회사Sozialgeschichte der Kunst und Literatur》, 아놀드 하우저Arnold Hauser

ㅂ

《백범일지白凡逸志》 김구金九

《변신Die Verwandlung》 프란츠 카프카Franz Kafka

ㅅ

《사기열전史記列傳》, 사마천司馬遷

《사랑의 기술The art of loving》, 에리히 프롬Erich Fromm

《사회계약론theories of social contract》, 장 자크 루소Jean Jacques Rousseau

《사회생태론의 철학The Philosophy of Social Ecology : Essays on Dialectical Naturalism》,
머레이 북친Murray Bookchin

《사천의 선인Der gute Mensch von Sezuan》, 베르톨트 브레히트Bertolt Brecht

《삼국지연의三國志演義》, 나관중羅貫中

《삼총사The Three Musketeers》, 알렉상드르 뒤마Alexandre Dumas

《서유기西遊記》, 오승은吳承恩

《세일즈맨의 죽음Death of a Salesman》, 아서 밀러Arthur Miller

《성서聖書, Bible》

《신곡神曲, La divina commedia》, 단테Alighieri Dante

《실낙원Paradise Lost》, 존 밀턴John Milton

《소유냐 삶이냐To Be or To Have》, 에리히 프롬Erich Fromm

《수호지水滸傳》, 시내암施耐庵

《순수이성비판Kritik der reinen Vernunft》, 이마누엘 칸트Immanuel Kant

/
ㅇ

《안네의 일기The Diary of a Young Girl Anne Frank》, 안네 프랑크Anne Frank

《양철북Die Blechtrommel》, 귄터 그라스Günter Grass

《에로티즘Erotism》, 조르주 바타유Georges Bataille

《에밀Emile》, 장 자크 루소Jean Jacques Rousseau

《역사란 무엇인가What Is History?》, 에드워드 카Edward Hallet Carr

《역사의 연구Study of History》, 아널드 토인비Arnold Joseph Toynbee

《열하일기熱河日記》, 박지원朴趾源

《예언자The Prophet》, 칼릴 지브란Kahlil Gibran

《오디세이아Odyssey》, 호메로스Homeros

《오리엔탈리즘Orientalism》, 에드워드 사이드Edward Wadie Said

《오만과 편견Pride and Prejudice》, 제인 오스틴Jane Austen

《오셀로Othello》, 윌리엄 셰익스피어William Shakespeare

《오이디푸스 왕Oedipus Tyrannus》, 소포클레스Sophocles

《위대한 유산Great Expectations》, 찰스 디킨스Charles Dickens

《월든Walden》, 헨리 데이빗 소로Henry David Thoreau

《이방인L' Étranger》, 알베르 카뮈Albert Camus

《이솝 우화집Aesop's Fables》, 이솝Aesop

《이성과 실존Vernunft und Existenz》, 카를 야스퍼스Karl Jaspers

《이태백李太白 시집》, 이백李白

《임꺽정林巨正》, 홍명희洪命熹

《일리아스Ilias》, 호메로스Homeros

/

ㅈ

《자유로부터의 도피 Escape from Freedom》, 에리히 프롬 Erich Fromm

《자유론 On Liberty》, 존 스튜어트 밀 John Stuart Mill

《자유를 향한 긴 여정 Long Walk to Freedom》, 넬슨 만델라 Nelson Rolihlahla Mandela

《작은 것이 아름답다 Small is beautiful》, 에른스트 슈마허 Ernst Friedrich Schumacher

《적과 흑 Le Rouge et le Noir》, 스탕달 Stendhal

《전쟁과 평화 Voina i mir》, 톨스토이 Lev Nikolayevich Tolstoy

《젊은 베르테르의 슬픔 Die Leiden des jungen Werthers》, 요한 볼프강 폰 괴테 Johann Wolfgang von Goethe

《제인 에어 Jane Eyre》, 샬롯 브론테 Charlotte Brontë

《제3의 물결 The Third Wave》, 앨빈 토플러 Alvin Toffler

《존재와 시간 Sein und Zeit》, 마르틴 하이데거 Martin Heidegger

《종의 기원 On the Origin of Species》, 찰스 다윈 Charles Darwin

《죄와 벌 Prestuplenie i nakazanie》, 도스토예프스키 Fyodor Dostoyevsky

《주홍글씨 The Scarlet Letter》, 너새니얼 호손 Nathaniel Hawthorn

《중용中庸》, 자사子思

《지킬 박사와 하이드 씨 The Strange Case of Dr. Jekyll and Mr. Hyde》, 로버트 스티븐슨 Robert Louis Stevenson

ㅊ

《천로역정天路歷程, The Pilgrim's Progress》, 존 버니언John Bunyan

《천일야화千一夜話, The Thousand Nights and a Night》

《침묵의 봄Silent Spring》, 레이첼 카슨Rachel Carson

ㅋ

《코스모스Cosmos》, 칼 세이건Carl Edward Sagan

《쿠오바디스Quo Vadis》, 헨리크 센케비치Henrik Sienkiewicz

《쿠오레Cuore (사랑의 학교)》, 에드몬도 데 아미치스Edmondo De Amicis

《크리스마스 캐럴A Christmas Carol》, 찰스 디킨스Chares Dickens

《큰 바위 얼굴The Great Stone Face》, 너새니얼 호손Nathaniel Hawthorne

《키다리 아저씨Daddy Long Legs》, 진 웹스터Jean Webster

ㅌ

《테스Tess of the D'Urbervilles》, 토마스 하디Thomas Hardy

《톰 아저씨의 오두막Uncle Tom's Cabin》, 해리엇 스토Harriet Beecher Stowe

《톰 소여의 모험The Adventures of Tom Sawyer》, 마크 트웨인Mark Twain

《혁명의 시대 The Age of Revolution : Europe 1789-1848》, 에릭 홉스붐 Eric Hobsbawm

《현상학의 이념 Die Idee der Phänomenologie》, 에드문트 후설 Edmund Husserl

《히페리온 Hyperion》, 프리드리히 횔덜린 Friedrich Hoelderlin

《1984 Nineteen Eighty-Four》, 조지 오웰 George Orwell

세인트 존스 대학교(St. John's College)
선정 도서 목록

세인트 존스 대학교에는 학과도 전공도 없다. 4년간 대학이 선정한 독서 목록대로 책을 읽고 토론하는 것이 학교의 커리큘럼이다. 4년간의 독서 목록은 인문 고전으로 되어있다. 이런 교육 방식은 존 스튜어트 밀의 독서법을 기본으로 한 것이다.

세인트 존스 대학 신입생 중 고등학교 성적이 상위 10퍼센트 안에 든 학생은 고작 전체의 20~30퍼센트다. 그러나 100권의 인문 고전을 읽고 토론한 세인트 존스 대학교의 졸업생들은 아이비리그 졸업생들보다 훨씬 높은 비율로 세계적인 권위를 자랑하는 장학 프로그램인 로즈 장학생에 선발되고, 저명한 과학자와 학자의 길로 들어선다.

1학년 Freshman Year

* 니코마코스Nicomachus ▸《산술론Arithmetic》

* 라부아지에Lavoisier ▶《화학요론Elements of Chemistry》

* 루크레티우스Lucretitus ▶《사물의 본성에 관하여On the Nature of Things》

* 소포클레스Sophocles ▶《오이디푸스Oedipus Rex》,《콜로노스의 오이디푸스Oedipus
  at Colonus》,《안티고네Antigone》,《필록테테스Philoctetes, Ajax》

* 아리스토텔레스Aristotle ▶《시학Poetics》,《자연학Physics》,《형이상학Metaphysics》,
  《니코마코스 윤리학Nicomachean Ethics》,《생성소멸론On Generation and Corruption》,
  《정치학Politics》,《동물부분론Parts of Animals》,《동물의 생식에 관하여Generation of
  Animals》

* 아리스토파네스Aristophanes ▶《구름Clouds》

* 아이킬로스Aeschylus ▶《아가멤논Agamemnon》,《제주를 바치는 여인들Libation
  Bearers》,《에우메니데스Eumenides》,《묶인 프로메테우스Prometheus Bound》

* 에우리피데스Euripides ▶《히폴리토스Hippolytus》,《바카이Bacchae》

* 유클리드Euclid ▶《기하학 원론Elements》

* 투키디데스Thucydides ▶《펠로폰네소스 전쟁사Peloponnesian War》

* 플라톤Plato ▶《메논Meno》,《고르기아스Gorgias》,《변명Apology》,《크리톤Crito》,
  《파이돈Phaedo》,《향연Symposium》,《파르메니데스Parmenides》,《테아이테토스
  Theaetetus》,《소피스테스Sophist》,《티마이오스Timaeus》,《파이드로스Phaedrus》

* 플루타르코스Plutarch ▶《뤼쿠로고스Lycurgus》,《솔론Solon》

* 하비Harvey ▶《동물의 심장과 혈액의 운동에 관한 연구Motion of the Heart and Blood》

* 헤로도토스Herodotus ▶《역사Histories》

* 호메로스Homer ▶《일리아드Iliad》,《오디세이Odyssey》

* 게이 뤼삭Gay Lussac, 돌턴Dalton, 드리슈Driesch, 마리오트Mariotte, 멘델레에프
  Mendeleyev, 버르초우Virchow, 베르톨레Berthollet, 슈페만Spemann, 스티어스Stears,
  아르키메데스Archimedes, 아보가드로Avogadro, J.L.프루스트J.L. Proust, J.J.톰슨J.J.
  Thompson, 카니차로Cannizzaro, 파렌하이트Fahrenheit의 논문들

2학년Sophomore Year

* 단테Dante ▸《신곡Divine Comedy》

* 데카르트Descartes ▸《기하학Geometry》,《방법서설Discourse on Method》

* 라블레Rabelais ▸《가르강튀아와 팡타그뤼엘 이야기Gargantua and Pantagruel》

* 마르틴 루터Martin Luther ▸《그리스도 교도의 자유에 대하여Von der Freiheit eines Christenmenschen》

* 마키아벨리Machiavelli ▸《군주론The Prince》,《대화론Discourses》

* 베르길리우스Virgil ▸《아이네이스Aeneid》

* 베이컨Bacon ▸《신(新) 오르가논Novum Organum》

* 비에트Viete ▸《분석 기법 입문Introduction to the Analytical Art》

* 성 안셀무스ST. Anselm ▸《프로슬로기온Proslogium》

* 셰익스피어William Shakespeare ▸《리처드 2세Richard II》,《헨리 4세Henry IV》,《헨리 5세Henry V》,《템페스트The Tempest》,《뜻대로 하세요As You Like It》,《햄릿Hamlet》,《오셀로Othello》,《맥베스Macbeth》,《리어 왕King Lear》,《코리올라누스Coriolanus》,《소네트집Sonnets》

* 아리스토텔레스Aristotle ▸《영혼론De Anima》,《명제론On Interpretation》,《분석론 전편Prior Analytics》,《범주론Categories》

* 아우구스티누스Augustine ▸《고백록Confessions》

* 아폴로니우스Apollonius ▸《원뿔곡선론Conics》

* 에픽테토스Epictetus ▸《오록Discourses》,《편람Manual》

* 초서Chaucer ▸《켄터베리 이야기Canterbury Tales》

* 코페르니쿠스Copernicus ▸《천체의 회전에 관하여De revolutionibus orbium coelestium》

* 타키투스Tacitus ▸《연대기Annals》

* 토마스 아퀴나스Aquinas ▶《신학대전Summa Theologica》,《이단 논박 대전Guide for the Perplexed》

* 파스칼Blaise Pascal ▶《원뿔곡선론Generation of Conic Sections》

* 프톨레마이오스Ptolemy ▶《알마게스트Almagest》

* 플루타르코스Plutarch ▶《카이사르Caesar》,《소 카토Cato the Younger》

*《구약성서Hebrew Bible》

*《신약성서The Bible : New Testament》

* 마블Marvell, 던Donne, 기타 16~7 세기 시가

/

3학년Junior Year

* 갈릴레오 갈릴레이Galileo Galilei ▶《새로운 두 과학Two New Sciences》

* 뉴턴Sir Isaac Newton ▶《자연철학의 수학적 원리Principia Mathematica》

* 데데킨트Dedekind ▶《수론에 관하여Essay on the Theory of Numbers》

* 데카르트René Descartes ▶《제1 철학에 관한 성찰Meditations》,《정신 지도 규칙Rules for the Direction of the Mind》

* 라 로슈푸코La Rochefoucauld ▶《잠언집Maximes》

* 라 퐁텐La Fontaine ▶《우화Fables》

* 라신Jean Baptiste Racine ▶《페드르Phaedre》

* 라이프니츠Gottfried Wilhelm Leibniz ▶《단자론Monadology》,《형이상학 서설Discourse on Metaphysics》,《역학에 관한 논문Essay On Dynamics》,《철학논문집Philosophical Essays》,《이성에 기초한 자연의 은총에 관한 원리Principles of Nature and Grace》

* 로크John Locke ▶《통치론Second Treatise of Government》

* 루소Jean-Jacques Rousseau ▶ 《사회계약론Social Contract》, 《인간 불평등 기원론The Origin of Inequality》
* 마크 트웨인Mark Twain ▶ 《허클베리핀의 모험The Adventures of Huckleberry Finn》
* 몰리에르Moliere ▶ 《인간혐오자Le Misanthrope》
* 밀턴John Milton ▶ 《실낙원Paradise Lost》
* 세르반테스Miguel De Cervantes ▶ 《돈키호테Don Quixote》
* 스위프트Jonathan Swift ▶ 《걸리버 여행기Gulliver's Travels》
* 스피노자Baruch Spinoza ▶ 《신학 정치론Theological-Political Treatise》
* 애덤 스미스Adam Smith ▶ 《국부론Wealth of Nations》
* 엘리엇T. S. Eliot ▶ 《미들마치Middlemarch》
* 오스틴Jane Austen ▶ 《오만과 편견Pride and Prejudice》
* 윌리엄 워즈워드William Wordsworth ▶ 《서곡The Two Part Prelude of 1799》
* 칸트Immanuel Kant ▶ 《순수 이성 비판Kritik der reinen Vernunft》, 《도덕 형이상학에 관한 기초 놓기Grundlegung der Metaphysik der Sitten》
* 케플러Johannes Kepler ▶ 《대요 6Epitome IV》
* 파스칼Blaise Pascal ▶ 《팡세Pensées》
* 해밀턴Hamilton · 제이Jay · 매디슨Madison ▶ 《연방주의자The Federalist》
* 크리스티안 하위헌스Christiaan Huygens ▶ 《빛에 관한 논문Treatise on Light》, 《충격에 의한 육체의 운동에 관하여On the Movement of Bodies by Impact》
* 홉스Thomas Hobbes ▶ 《리바이어던Leviathan》
* 흄David Hume ▶ 《인성론Treatise of Human Nature》
* 미합중국 연방규약Articles of Confederation
* 미국독립선언Declaration of Independence
* 미합중국헌법Constitution of the United States of America
* 맥스웰Maxwell, 베르누이D. Bernoulli, 오일러Euler, 영Young, 테일러Taylor의 논문들

4학년Senior Year

* 괴테Johann Wolfgang von Goethe ▶《파우스트Faust》

* 니체Friedrich Wilhelm Nietzsche ▶《비극의 탄생Die Geburt der Tragödie aus dem Geiste der Musik》,《차라투스트라는 이렇게 말했다Also sprach Zarathustra》,《선악의 피안 Jenseits von Gut und Böse》

* 다윈Charles Robert Darwin ▶《종의 기원Origin of Species》

* 도스토예프스키Dostoevski(Фёдор Михайлович Достоевский) ▶《카라마조프의 형제 Brothers Karamazov》

* 두 보이스W. E. B. Du Bois ▶《흑인의 영혼The Souls of Black Folk》

* 로바체프스키Nikolai Ivanovich Lobachevsky ▶《평행성 이론에 대한 기하학 연구 Theory of Parallels》

* 링컨Abraham Lincoln ▶《연설문 선집Selected Speeches》

* 마르크스Karl Marx ▶《자본론Das Kapital》,《1844년 경제학 철학 초고Ökonomisch-philosophischen Manuskripte aus dem Jahre 1844》,《독일 이데올로기Die deutsche Ideologie》

* 멜빌Hermann Melville ▶《베니토 세레노Benito Cereno》

* 바그너Wilhelm Richard Wagner ▶〈트리스탄과 이졸데Tristan und Isolde〉

* 버지니아 울프Adeline Virginia Stephen Woolf ▶《댈러웨이 부인Mrs. Dalloway》

*《부커 워싱턴 선집Booker T. Washington: Selected Writings》

*《아인슈타인 선집Einstein: Selected papers》

*《오코너 이야기 선집O'Conor: Selected Stories》

* 윌리엄 제임스William James ▶《심리학의 원리Psychology: Briefer Course》

* 윌리엄 포크너William Faulkner ▶《내려가라 모세여Go Down Moses》

* 콘래드Joseph Conrad ▶ 《어둠의 한가운데Heart of Darkness》

* 키에르케고르Søren Aabye Kierkegaard ▶ 《철학 단상Philosophical Fragments》, 《공포와 전율Fear and Trembling》

* 토크빌Alexis de Tocqueville ▶ 《미국의 민주주의Democracy in America》

* 톨스토이Tolstoy(Граф Лев Николáевич Толстóй) ▶ 《전쟁과 평화War and Peace》

* 프레드릭 더글라스Frederick Douglass ▶ 《선별 연설Selected Speeches》

* 프로이트Sigmund Freud ▶ 《정신 분석학에 관하여Introductory Lectures on Psychoanalysis》

* 플로베르Gustave Flaubert ▶ 《순박한 마음Un Coeur Simple》

* 하이데거Martin Heidegger ▶ 《철학이란 무엇인가Was ist das – die Philosophie?》

* 헤겔G. W. F. Hegel ▶ 《정신현상학Phänomenologie des Geistes》, 《논리학Logik》

* 후설Edmund Husserl ▶ 《유럽학문의 위기와 선험적 현상학Die Krisis der europäischen Wissenschaften und die transzendentale Phänomenologie》

* 〈대법원 판례집Supreme Court opinions〉

* 예이츠Yeats, 엘리엇T. S. Eliot, 월러스 스티븐스Wallace Stevens, 보들레르Baudelaire, 발레리Valery, 랭보Rimbaud의 시

* 데이비슨Davisson, 드 브로이de Broglie, 드리슈Driesch, 러더퍼드Rutherford, 맥스웰Maxwell, 멘델Mendel, 모건Morgan, 민코프스키Minkowski, 보베리Boveri, 보어Bohr, 비들Beadle, 서턴Sutton, 슈뢰딩거Schrodinger, 앙페르Ampère, 앨로Allo, 오스테드Ørsted, 자코브Jacob, 모노Monod, 크릭Crick, 톰슨Thomson, 패러데이Faraday, 하디Hardy의 논문들

※자료출처 : EBS 다큐프라임

인문학, 인간다움을 말하다

송용구 지음

초판 1쇄 인쇄 2017년 2월 20일
초판 1쇄 발행 2017년 2월 24일

발 행 처 도서출판 평단
발 행 인 최석두

신고번호 제2015-000132호 | **신고일자** 1988년 7월 6일
주   소 (10594) 경기도 고양시 덕양구 통일로 140(동산동 376)
            삼송테그노밸리 A동 351호
전화번호 (02)325-8144(代)
팩스번호 (02)325-8143
이 메 일 pyongdan@daum.net

I S B N 978-89-7343-491-6 (03100)

값 · 14,000원

ⓒ 송용구, 2017, Printed in Korea

이 도서의 국립중앙도서관 출판예정도서목록(CIP)은 서지정보유통지원시스템
홈페이지(http://seoji.nl.go.kr)와 국가자료공동목록시스템(http://www.nl.go.kr/kolisnet)에서 이용하실 수 있습니다.
(CIP제어번호 : CIP2017002136)

> 도서출판 평단은 수익금의 1%를 어려운 이웃돕기에 사용하고 있습니다.